改訂版

テスト前に
まとめるノート
中学公民

Civics

Gakken

この本を使うみなさんへ

　勉強以外にも，部活や習い事で忙しい毎日を過ごす中学生のみなさんを，少しでもサポートできたらと考え，この**「テスト前にまとめるノート」**は構成されています。

　この本の目的は，大きく２つあります。
　１つ目は，みなさんが効率よくテスト勉強ができるようにサポートし，テストの点数をアップさせることです。

　そのために，テストに出やすい大事な用語だけが空欄になっていて，直接書き込んで公民の重要点を定着させていきます。それ以外は，整理された内容を読んでいけばOKです。頭に残りやすいよう，背景や理由をくわしく補足したり，ゴロやイラストなどで楽しく暗記できるようにしたりと工夫しています。

　２つ目は，毎日の授業やテスト前など，日常的にノートを書くことが多いみなさんに，「ノートをわかりやすくまとめられる力」をいっしょに身につけてもらうことです。

　ノートをまとめる時，次のような悩みを持ったことがありませんか？
　　☑　ノートを書くのが苦手だ
　　☑　自分のノートはなんとなくごちゃごちゃして見える
　　☑　テスト前にまとめノートをつくるが，時間がかかって大変
　　☑　最初は気合を入れて書き始めるが，途中で力つきる

　この本は，**中学校で習う公民の内容を，「きれいでわかりやすいノート」にまとめたもの**です。この本を自分で作るまとめノートの代わりにしたり，自分のノートをとる時にまとめ方をマネしたりしてみてください。

　今，勉強を頑張ることは，現在の成績や進学はもちろん，高校生や大学生，大人になってからの自分を，きっと助けてくれます。みなさんの未来の可能性が広がっていくことを心から願っています。

学研プラス

もくじ

第1章
現代社会と私たち

第2章
人権と
日本国憲法

議員に立候補しました!!

NO!

この本の使い方

この本の，具体的な活用方法を紹介します。

1 定期テスト前にまとめる

まずは この本を読みながら，大事な用語を書き込んでいきましょう。

方法1 教科書 を見ながら，空欄になっている＿＿＿に，用語を埋めていきます。
余裕のある時におすすめ。授業を思い出しながら，やってみましょう。

方法2 別冊解答 を見ながら，まず，空欄＿＿＿を埋めて完成させましょう。
時間がない時におすすめ。大事な用語にまず注目できて，その後すぐに暗記態
勢に入れます。

次に ノートを読んでいきましょう。教科書の内容が整理されているの
で，公民の要点が頭に入っていきます。

最後に 「確認テスト」を解いてみましょう。各章のテストに出やすい内容
をしっかりおさえられます。

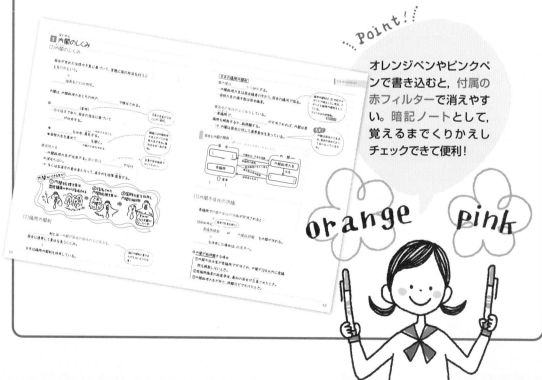

Point!!

オレンジペンやピンクペ
ンで書き込むと，付属の
赤フィルターで消えやす
い。暗記ノートとして，
覚えるまでくりかえし
チェックできて便利！

orange　pink

2 予習にもぴったり

　授業の前日などに, この本で流れを追っ<u>ておく</u>のがおすすめです。教科書を全部読むのは大変ですが, このノートをさっと読んでいくだけで, 授業の理解がぐっと深まります。

3 復習にも使える

　学校の授業で習ったことをおさらいし<u>ながら, ノートの空欄を埋めていきましょ</u><u>う。</u>先生が強調していたことを思い出したら, 色ペンなどで目立つようにしてみてもいいでしょう。

　また先生の話で印象に残ったことを, このノートの右側のあいているところに, 追加で書き込むなど, 自分なりにアレンジすることもおすすめです。

 次のページからは, <u>ノート作りのコツ</u>について紹介しているので, あわせて読んでみましょう。

きれい！ 見やすい！ 頭に入る！
ノート作りのコツ

普段（ふだん）ノートを書く時に知っておくと役立つ，「ノート作りのコツ」を紹介（しょうかい）します。どれも簡単にできるので，気に入ったものは自分のノートに取り入れてみてくださいね！

コツ 1 色を上手に取り入れる

Point！ 最初に色のルールを決める。

シンプル派→3色くらい

例） 基本色→**黒**
重要用語→赤
強調したい文章→**蛍光（けいこう）ペン**

カラフル派→5〜7色くらい

例） 基本色→**黒**
重要用語→**オレンジ**（赤フィルターで消える色＝暗記用），**赤**，**青**，**緑**
人名は青，地名は緑，その他は赤など，種類で分けてもOK！

強調したい文章→**黄色の蛍光ペン**
囲みや背景などに→**その他の蛍光ペン**

社会権と人権を守るための権利

社会権

社会権とは…だれもが人間らしい生活の保障を求める権利。

初めて社会権を保障したのは，20世紀のドイツで制定されたワイマール憲法である。

　　　　権…健康で文化的な最低限度の生活を営む権利。**憲法第25条**
→ 国民の生存権を国が保障する，社会保障制度がある。**18ページ**

日本国憲法　第25条
①すべて国民は，健康で文化的な最低限度の生活を営む権利を有する。
②国は，すべての生活部面について，社会福祉，社会保障及び公衆衛生の向上及び増進に努めなければならない。

　　　　権利…　　　　は無償である。

働くことは国民の権利でもあり，義務でもある。

　　　　の権利
…安定した生活を送れるように，定められている。

労働基本権（労働三権） **14ページ**
…経営者よりも弱い立場である労働者を守るための権利。
　　　　権　●団体交渉権　●団体行動権（争議権）

【労働組合】　【労使協議】　【ストライキ】
　　　　が定められている。
労働三権に基づいて

14ページ

◆労働組合法…労働者が労働組合を結成し，使用者と対等に交渉することを助けるための法律。

　　　　…労働条件の最低基準などを定めた法律。

◆労働関係調整法…労働争議の予防・解決のための法律。

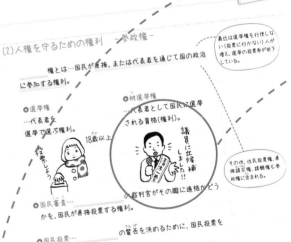

(2) 人権を守るための権利　—参政権—

　　　　権とは…国民が直接，または代表者を通じて国の政治に参加する権利。

最近は選挙権を行使しない（投票に行かない）人が増え，選挙の投票率が低下している。

●選挙権
…代表者を選挙で選ぶ権利。　18歳以上

●被選挙権
…代表者として国民に選挙される資格（権利）。

議員に立候補しました！！

その他，住民投票権，直接請求権，請願権も参政権に含まれる。

●国民審査…裁判官がその職に適格かどうかを，国民が直接投票する権利。

●国民投票…　　　　の賛否を決めるために，国民投票を行う権利。

(3) 人権を守るための権利　—請求権—

　　　　権（国務請求権）とは…基本的人権が侵害されたとき，救済を求める権利。

　　　　権利…裁判所で裁判を受ける権利。

無罪の判決を受けたんだ…身柄を拘束された日数に対して国に補償を請求できる。

●国家賠償請求権…公務員の不法行為によって損害を受けた場合，その損害の賠償を国や地方公共団体に請求できる。

●刑事補償請求権…抑留や拘禁をされた後に無罪だとわかった場合，国に対してその補償を求めることができる。

人権を守るためのしくみもつくられている。
…法務省の人権擁護局，各市町村の人権擁護委員など。

コツ 2 空間をとって書く

Point!

「多いかな?」と思うくらい,余裕を持っておく。

　ノートの右から**4〜5cm**に**区切り線**を引きます。教科書の内容は左側（広いほう）に，その他の役立つ情報は右側（狭いほう）に，情報を分けるとまとめやすくなります。

- 図や写真，イラスト，その他補足情報
- 授業中の先生の話で印象に残ったこと，出来事の背景・理由など，書きとめておきたい情報は右へどんどん書き込みましょう。

　また，**文章はなるべく短めに書きましょう**。途中の接続詞などもなるべくはぶいて，「→」でつないでいくなどすると，すっきりでき，流れも頭に入っていきます。

　行と行の間を，積極的に空けておくのもポイントです。後で読み返す時にとても見やすく，わかりやすく感じられます。追加で書き込みたい情報があった時にも，ごちゃごちゃせずに，いつでもつけ足せます。

コツ 3 イメージを活用する

Point!

時間をかけず，手がきとコピーを使い分けよう。

　自分の頭の中でえがいたイメージを，簡単な図やイラストにしてみると，記憶に残ります。とにかく簡単なものでOK。時間がかかると，絵をかいて終わってしまうので注意。

　教科書の図解やグラフなどを，**そのままコピーして貼る**のも効率的。ノートに貼って，そこから読み取れることを追加で書き足すと，わかりやすい，自分だけのオリジナル参考書になっていきます。

その他のコツ

❶レイアウトを整える…
階層を意識して，頭の文字を1字ずつずらしていくと，見やすくなります。また，見出しは一回り大きめに，もしくは色をつけるなどすると，メリハリがついてきれいに見えます。

❷インデックスをつける…
ノートはなるべく2ページ単位でまとめ，またインデックスをつけておくと，後で見直ししやすいです。教科書の単元や項目と合わせておくと，テスト勉強がさらに効率よくできます。

❸かわいい表紙で，持っていてうれしいノートに！…
文字をカラフルにしたり，絵を書いたり，シールを貼ったりと，表紙をかわいくアレンジするのも楽しいでしょう。

中学3年生のための 社会科 勉強講座

いよいよ中学校生活も最終学年。勉強内容もレベルアップし，高校入試に向けた受験勉強が始まる人も多いはずです。
そんな中3生のみなさんへ，はじめに読んでもらいたい内容をまとめました。

中3で新たに始まる「公民」って何？？

社会科では，これまでの地理・歴史に加えて，新たに公民の学習が始まります。
公民は，おもに次の3つについて学びます。

政治 と 経済 と 国際社会

公民では，テレビや新聞のニュースなどで耳にするちょっと難しく聞こえる語句や解説，地理や歴史にくらべて複雑そうな図解も出てきますが，心配はいりません。

社会保障　国債
国会　三権分立　株式会社
ASEAN　デフレ
国際連合

みなさんの生活にあてはめてみると……

クラス委員を投票で決める

お小遣いでゲームを購入する

夏，エアコンの設定温度を上げる（地球温暖化の対策）

||

と

と

つまり，私たちがくらしている「今の社会」についてのしくみやルールを知ることができます。
社会科の中でいちばん身近で，将来，社会に出て生きていくときにとても役立つ知識が身につく分野が公民です。

高校入試に向けた, 社会科の勉強って?

◎公民について

地理・歴史・公民の3分野すべて出題されます。地理と歴史の勉強もあるので, 中3から始まる公民は, 最初から受験を意識して習ったことは頭に入れていくように勉強していけば効率的です。

つまり, これからこの本で始める公民の勉強が, そのまま受験勉強になります。

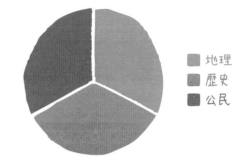

地理
歴史
公民

◎地理と歴史について

地理は中1と中2で, 歴史は中1~中3にわたって学びます。1年生の時に習ったことなんて忘れてしまっている…という人も多いでしょう。

受験だからといって, 最初から難しい問題集に取り組むのではなく, まずは全体の要点を復習すること。そして発見したとくに忘れてしまっていたところや, 苦手なところから, 教科書やくわしい参考書で見直していきましょう。

この本には, 12ページから「地理の復習まとめ」と「歴史の復習まとめ」がついています。入試にとくに必要な内容を選び出していますので, 活用してください。

そのほか, 合格に近づくためのアドバイス

◎時事問題をチェック!

社会科では, ニュースで話題になっている時事的な内容に関連させた問題も, よく出されます。日頃から, 社会の出来事に関心をもってみるとよいでしょう。

◎「つながり」や「しくみ」を意識しよう

重要な用語を覚えるだけでなく, 地図で場所を見たり, 年表で時代の流れをチェックしたり, 公民のしくみ図を自分で書いてみたりすると理解が深まり, 多様な入試問題に対応できます。

◎過去問で傾向をつかもう

都道府県や学校ごとの過去問を解くと, 問題の出題傾向がつかめると同時に, 心の準備もできるでしょう。

地理の復習まとめ

✎空欄を埋めるか，正しい方に丸をつけましょう。

❶ 世界のすがたと地域の調査

↓できたらチェック

□ ① 最も大きい大陸は ＿＿＿＿＿＿ 大陸，
最も大きい海洋は　太平洋　大西洋　。

緯線と経線が直角に交わっている。

東京　サンフランシスコ

ブエノスアイレス

★メルカトル図法の地図

□ ② メルカトル図法の地図では，赤道から離れるほど，
面積が実際より　大きく　小さく　表される。

□ ③ 正距方位図法の地図は，中心からの ＿＿＿＿＿ と方位が正しい。

□ ④ 　緯度　経度　は赤道を0度として，南北をそれぞれ90度
に分けたもの，　緯度　経度　は本初子午線を0度として，
東西をそれぞれ180度に分けたもの。

サンフランシスコ
東京
ブエノスアイレス

★正距方位図法の地図

□ ⑤ 世界は6つの州に分けられ，日本は ＿＿＿＿＿ 州に属する。

日本の約45倍

□ ⑥ 世界で最も面積が大きい国は ＿＿＿＿＿＿＿，
2020年現在，人口が10億人を超える国は ＿＿＿＿＿ とインド。

約14億人

□ ⑦ 熱帯の地域では，熱帯雨林(熱帯林)の葉や幹を利用した住居
や，＿＿＿＿＿ が高くなっている住居がみられる。

なぜ？

一年を通して暑く，雨が多い気候なので，風通しをよくして，湿気を逃すため。

□ ⑧ 寒さが厳しい寒帯に属するカナダ北部の北極圏には，
先住民の ＿＿＿＿＿＿ が住んでいる。

冷帯(亜寒帯)に属する

□ ⑨ シベリアに広がる針葉樹林は，　タイガ　セルバ　とよばれる。

乾燥帯のなかでも，北アフリカや西アジアなどでみられる。

□ ⑩ 雨がほとんど降らない乾燥帯の地域では，こねた土を乾かし
てつくる ＿＿＿＿＿＿ を利用した住居がみられる。

□ ⑪ 世界三大宗教とは，シャカが開いた仏教，イエスが開いた
＿＿＿＿＿ 教，ムハンマドが開いた ＿＿＿＿＿ 教。

冬

□ ⑫ 夏と冬で吹く方向が逆になる風を，＿＿＿＿＿＿ という。

夏

☐ ⑬ 中国の沿岸部にある ＿＿＿＿＿＿＿ は, 政府が海外の資本や技術を取り入れるために設置した地域である。

☐ ⑭ 東南アジアの国々は, 政治的・経済的に結びつきを強めるため, ＿＿＿＿＿＿＿＿＿＿ を結成している。

> 貿易をさかんにするため。共通通貨ユーロが導入されている。

☐ ⑮ スカンディナビア半島の西岸には, 氷河によって侵食^{しんしょく}されてできた複雑な地形の ＿＿＿＿＿＿ が続く。

ヨーロッパ連合, 欧州連合^{おうしゅう}ともいう

☐ ⑯ EU^{イーユー}の加盟国間の貿易では, ＿＿＿＿＿ が撤廃^{てっぱい}されている。

> この気候の地域では, 夏に乾燥に強いオリーブやぶどうなどの果樹, 冬に小麦などの穀物を栽培^{さいばい}する地中海式農業が行われている。

☐ ⑰ 温帯の気候のうち, ＿＿＿＿＿ 気候は, 主に中緯度^{ちゅういど}の大陸西岸に分布しており, 夏は乾燥し, 冬にやや雨が多くなる。

コートジボワールやガーナなど

☐ ⑱ ギニア湾岸^{わんがん}の国々では, ＿＿＿＿＿ の栽培^{さいばい}がさかん。

チョコレートの原料となる

☐ ⑲ 近年, アメリカ合衆国^{がっしゅうこく}では, スペイン語を話す中南米からの移民である ＿＿＿＿＿＿ が増えている。

> アメリカは, 世界各地に農作物を輸出していて, 「世界の食料庫」とよばれている。

☐ ⑳ アメリカ合衆国では, 大型機械を使い, 労働者を雇う^{やと}などして経営する ＿＿＿＿＿ な農業がさかん。また, 地域の自然環境^{かんきょう}に適した農作物が栽培されており, これを ＿＿＿＿＿ という。

☐ ㉑ アメリカ合衆国のサンフランシスコ近郊^{きんこう}の ＿＿＿＿＿ とよばれる地域には, 情報通信技術関連産業の企業^{きぎょう}が集中する。

> アメリカの工業の中心は北緯37度以南のサンベルトとよばれる地域。

☐ ㉒ オーストラリアは鉱産資源が豊富で, 石炭 鉄鉱石 は北西部, 石炭 鉄鉱石 は東部で主に産出している。

> どちらの資源も, 日本にとってオーストラリアが最大の輸入相手国。

☐ ㉓ 5万分の1の地形図で, 2cmの実際の距離^{きょり}は ＿＿＿＿ m。

☐ ㉔ 等高線^{とうこうせん}の間隔^{かんかく}が狭い^{せま}ところの傾斜^{けいしゃ}は 急 緩やか^{ゆる} である。

☐ ㉕ 地図記号で ⊗ は ＿＿＿＿＿, ⌘ は ＿＿＿＿＿ である。

❷ 日本のすがた

西端は与那国島
東端は南鳥島なので注意!

☐ ㉖ 日本は ＿＿＿＿＿＿ 大陸の東に位置し,
北端は ＿＿＿＿＿ , 南端は ＿＿＿＿＿ である。

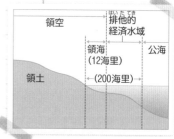

★ 領土・領海・領空

☐ ㉗ ＿＿＿＿＿＿ とは, 海岸線から
200海里以内で, 領海を除く水域をいう。

☐ ㉘ 経度 ＿＿＿ 度で1時間の時差がある。

> 地球上の2地点間の時刻の差を時差という

☐ ㉙ 日本は 環太平洋造山帯 アルプス・ヒマラヤ造山帯
に属し, 火山活動が活発で地震が多い国である。

☐ ㉚ 河川が, 山間部から平地に出るところに土砂を積もらせて
つくられる地形を 扇状地 三角州 という。

山梨県の甲府盆地
などでみられ, く
だものの栽培に適
している地形。

☐ ㉛ 日本の気候で, 夏に降水量が多く, 冬に乾燥するのは,
日本海側 太平洋側 の気候である。

☐ ㉜ 先進国の人口ピラミッドには 富士山 つぼ 型が多い。

☐ ㉝ 日本では, 生まれてくる子どもの数が減り, 高齢者の占め
る割合が高くなる ＿＿＿＿＿ 化が急速に進んでいる。

★ 日本の気候区分

> 農作物の貿易が自由化されたことも原因の一つ

☐ ㉞ 日本の食料自給率は低下を続け, とくに
米 小麦 や大豆の自給率が低くなっている。

☐ ㉟ 宮崎平野では, 温暖な気候を生かした ＿＿＿＿＿ 栽培がさかん。
> 高知平野でもさかん

> 農作物をほかの地域より早い時期に栽培・出荷する

☐ ㊱ 近年, 日本の水産業では, とる漁業 育てる漁業 と
よばれる養殖漁業や栽培漁業に力を入れている。

なぜ?
◆遠洋漁業・沖合漁業・沿岸漁業
での漁獲量が減少しているため。
◆限られた水産資源を守るため。

☐ ㊲ 人口や工業が集中している, 関東地方から九州地方北部にかけ
ての帯状の地域を ＿＿＿＿＿ という。

□ ㊳ 現在, 日本の最大の貿易相手国は＿＿＿＿である(2019年)。
　　　輸出額と輸入額の合計

アメリカ合衆国は, 長く最大の貿易相手国だったが, 現在は2番め。

□ ㊴ 現在の国内の輸送手段は, 自動車　鉄道 が中心である。

□ ㊵ 九州南部に広がる＿＿＿＿台地では, 畜産がさかん。
　　　　　　　　　　　　　　　火山の噴出物が積もってできた台地

□ ㊶ 岡山県倉敷市の水島地区には, 製油所や火力発電所など石油関連の工場が結びついた＿＿＿＿＿＿がある。

□ ㊷ 滋賀県の＿＿＿＿は日本一大きな湖で, 近畿地方の人々のくらしを支える水の供給源となっている。

近畿の水がめと人はよぶ。

□ ㊸ 阪神工業地帯では, 内陸部に 大工場　中小工場 が多い。

□ ㊹ 本州の中央部に連なる飛驒山脈・＿＿＿＿山脈・赤石山脈をまとめて＿＿＿＿＿＿という。

群馬県の嬬恋村でもキャベツの抑制栽培がさかん。キャベ妻！

□ ㊺ 八ヶ岳山麓の野辺山原などでは夏でも涼しい気候をいかして, レタスなど高原野菜の 抑制　促成 栽培を行っている。
　　長野県, 山梨県

□ ㊻ 豊田市の自動車工業を中心に発達した＿＿＿＿工業地帯は, 工業出荷額が日本一で, 機械　化学 工業の割合が高い。
　　愛知県

□ ㊼ 貿易額が日本一(2019年)の＿＿＿＿＿＿では, 電子部品や, 鮮度が大切な魚介類などの輸出入量が多い。
　　　　　　　　千葉県にある
　　船による輸出入は時間がかかるので鮮度が保てない

なぜ？ 電子部品は軽くて高価なので, 輸送費のかかる航空機で運んでも利益がでる。

□ ㊽ 埼玉県・茨城県・千葉県などでは, 大都市に近い条件をいかした＿＿＿＿農業がさかんである。

なぜ？ 消費地に近いので, 農作物を新鮮な状態で届けられ, 輸送費が安くすむから。

□ ㊾ 三陸海岸南部には＿＿＿＿海岸が発達し, その沖合にある＿＿＿＿は, よい漁場になっている。
　　　　山地が海に沈んでできた入り組んだ海岸線
　　暖流の黒潮と寒流の親潮が出合う

酪農は, 乳用牛を飼育して, 牛乳, チーズ, バターなどの乳製品を生産する農業。

□ ㊿ 北海道の石狩平野では 稲作　畑作 , 十勝平野では稲作　畑作 , ＿＿＿＿台地では酪農がさかんである。

15

歴史の復習まとめ

空欄を埋めるか，正しい才に丸をつけましょう。

No.

① 文明のおこり〜平安時代

↓できたらチェック

□ ① 殷という国で使われた ＿＿＿＿＿＿ は漢字のもとになった。

□ ② 紀元前4世紀〜紀元3世紀ごろまで
＿＿＿＿＿＿ 時代になると稲作が広まり，収穫したものは ＿＿＿＿＿＿ に蓄えた。

> 縄文土器がつくられるようになった約1万数千年前から紀元前4世紀ごろまでを縄文時代という。

□ ③ 239年，＿＿＿＿＿＿ の卑弥呼は中国の魏に使いを送った。

□ ④ 大阪府にある
大仙(山)古墳に代表される ＿＿＿＿＿＿ という種類の古墳が多くある地域には，有力な豪族がいたと考えられている。

> 四角い顔に丸いカラダ，どうも！前方後円墳と申します
> 方形(四角形)
> 円形

□ ⑤ 朝鮮半島や中国から日本に移り住んだ ＿＿＿＿＿＿ たちは，大陸の優れた技術や文化を伝えた。

□ ⑥ 厩戸皇子とも
聖徳太子は ＿＿＿＿＿＿ を定めて役人の心構えを示した。

> 冠位十二階の制度もつくった

□ ⑦ 中臣鎌足らとともに蘇我氏を倒した
中大兄皇子らが始めた政治改革を，＿＿＿＿＿＿ という。

> 聖徳太子

□ ⑧ 710年，奈良の 平城京 平安京 に都が移された。
唐(中国)の長安にならってつくられた都

□ ⑨ 戸籍をもとに6歳以上の男女に口分田を与え，死ぬと国に返させる制度を ＿＿＿＿＿＿ 法という。

> **なぜ？**
> 人口の増加などで口分田にする農地が不足してきたので，開墾をすすめようとしたため。

□ ⑩ 743年に ＿＿＿＿＿＿ 法が制定され，新しく開墾した
荒れ地を耕して農地にすること
土地はいつまでも自分の土地にしてよいと認められた。

> **なぜ？**
> 仏教の力で国を守ろうとしたから。

□ ⑪ 桓武天皇 聖武天皇 は，東大寺を建て大仏を造立した。

> このころ国風文化が栄え，紫式部は『源氏物語』，清少納言は『枕草子』を書いた。

□ ⑫ 代々摂政や関白の地位についた
平安時代，藤原氏が行った政治を ＿＿＿＿＿＿ という。
藤原道長・頼通父子の時代に全盛

□ ⑬ 白河天皇は上皇になってからも政治を行い，＿＿＿＿＿＿ を始めた。

> **ゴロ**
> 1167
> 人々むなしい清盛の政治

□ ⑭ 1167年，＿＿＿＿＿＿ は武士として初めて太政大臣となった。
日宋貿易をさかんに行った

❷ 鎌倉時代〜江戸時代

□ ⑮ 源頼朝は，国ごとに 守護 地頭 を，荘園や公領ごとに
守護 地頭 を置くことを朝廷に認めさせた。

> **なぜ？**
> 政治の実権を鎌倉幕府から朝廷に取り戻そうとしたため。

□ ⑯ 1221年，後鳥羽上皇が兵を挙げ，＿＿＿＿＿の乱が起こった。

□ ⑰ 東大寺南大門に置かれた＿＿＿＿＿は運慶らが制作した。

> こののち，生活が苦しくなった御家人を救うために幕府は（永仁の）徳政令を出したが効果はなかった。

□ ⑱ 2度にわたる元軍の襲来を＿＿＿＿＿という。

□ ⑲ 室町幕府の3代将軍をつとめた足利義満は，明との貿易で正
式な貿易船に＿＿＿＿＿という合い札を持たせた。

□ ⑳ 1467年，将軍家のあとつぎ争いと守護大名の対立などが原因
で，＿＿＿＿＿の乱が起き，約11年続いたあと戦乱の世となった。
→この乱のころから＿＿＿＿＿の風潮が広がった。

> 身分が下の者が，主君など身分が上の者を倒すこと。

□ ㉑ 1492年，マゼラン コロンブス は大西洋を横断し，
アメリカ大陸に近い西インド諸島に到達した。

□ ㉒ 1549年，イエズス会の宣教師＿＿＿＿＿＿＿が
鹿児島に上陸し，日本に初めてキリスト教を伝えた。

> **ゴロ**
> 1 5 8 8
> 以後パッパと差し出す刀狩

□ ㉓ 織田信長は商工業をさかんにするため，市場の税を免除し，
座の特権を廃止する＿＿＿＿＿の政策を行った。

□ ㉔ 豊臣秀吉は，農民から武器を取り上げる＿＿＿＿＿を行った。

> **なぜ？**
> 一揆を防いで，農民を農作業に専念させるため。

□ ㉕ ＿＿＿＿＿の戦いに勝った徳川家康は，江戸幕府を開いた。
↳ 1603年のこと

□ ㉖ 江戸幕府は＿＿＿＿＿＿＿を定めて大名を厳しく統制し，3
代将軍の徳川家光は，大名を領地と江戸に1年おきに住まわせる
＿＿＿＿＿の制度を整え，これに加えた。

> 大名は往復の費用や江戸での生活費など，多くの出費を強いられた。

☐ ㉗ 江戸幕府による, キリスト教の禁止・貿易統制・
外交独占の体制を＿＿＿＿＿という。
┗ 長崎で, 中国やオランダと貿易を行った

なぜ？
キリスト教を禁止した理由
→領主より神の信仰を大切
にする教えが, 幕府の支
配の妨げになったから。

☐ ㉘ 1716年に将軍の＿＿＿＿＿＿＿＿が享保の改革を, 1787年には
老中の松平定信が＿＿＿＿＿＿＿＿という政治改革を始めた。

☐ ㉙ 1841年, 田沼意次　水野忠邦　は, 天保の改革を始めた。
┗ 江戸幕府の老中

ゴロ
1 7 87
非難 花 咲く寛政の改革

☐ ㉚ 伊能忠敬　歌川(安藤)広重　は, 化政文化が栄えた
┗ 19世紀の初めのこと
ころ, 日本全国を測量して正確な日本地図をつくった。

江戸時代の文化は, 元禄文化→
化政文化の順に栄えた。
◆元禄文化は上方(京都や大阪)
中心, 化政文化は江戸が中心。
◆どちらも町人による文化。

☐ ㉛ 1840年, イギリスは清との間で＿＿＿＿＿＿＿を起こした。
┗ イギリスが勝利し南京条約を結んだ

☐ ㉜ 1853年, アメリカの使節＿＿＿＿＿が来航し, 開国を求めた。

ゴロ
1 8 40
イワシ丸ごとアヘン戦争
あへーん

☐ ㉝ 1858年, 大老＿＿＿＿＿は反対派を抑えて,
日米和親条約　日米修好通商条約　に調印した。
┗ 不平等な条約だった

☐ ㉞ 1867年, 将軍徳川慶喜が＿＿＿＿＿＿を行うと, 続いて
＿＿＿＿＿＿＿が出され, 江戸幕府は滅んだ。

不平等な内容は…
◆相手国に領事裁判権
(治外法権)を認める。
◆日本に関税自主権がない。

❸ 明治時代～現代

☐ ㉟ 1868年3月, 明治新政府は＿＿＿＿＿＿＿＿＿＿を出した。
┗ 新しい政治の方針

なぜ？
政府の収入を安定
させるため。

☐ ㊱ 1873年の地租改正で, 地価の3％を　現金　収穫物　で納め
ることになった。

☐ ㊲ 1874年, ＿＿＿＿＿＿＿は民撰議院設立の建白書を提出した。
→自由民権運動が始まった。

ゴロ
1 8 74
いやな世直せと建白書

☐ ㊳ ＿＿＿＿＿＿＿は, ドイツ(プロイセン)の憲法などを
┗ 初代の内閣総理大臣
学び, 大日本帝国憲法の草案作成の中心となった。
┗ 1889年発布

なぜ？
ドイツの憲法は君主権が強く,
天皇主権をめざす日本の憲法
の手本にふさわしかったから。

□ ㊴ 日清戦争で勝利した日本は，　ポーツマス　下関　条約で台
湾や遼東半島などの領土や巨額の賠償金を得た。
　　のちに三国干渉により返還

□ ㊵ 第一次世界大戦は，1914年，　ドイツ　ロシア　中心の同盟国
とイギリスやフランス中心の　　　　　　との間で起こった。
　　日本は日英同盟を口実にイギリス側で参戦

ゴロ
1914
行く人死んだ第一次大戦

□ ㊶ 1920年，平和をめざす国際機関の　　　　　　　が成立した。

アメリカ大統領
ウィルソンの提案。
→しかし，アメリカは
不参加。

□ ㊷ 大正時代の日本でさかんになった，民主主義を求める風潮を
　　　　　　　　　　　　という。

□ ㊸ 1918年，米の安売りを求める　　　　　　が起き，鎮圧後に内閣
が総辞職して，　　　　　が最初の本格的な政党内閣を組織した。
　　普通選挙制が実現

□ ㊹ 1925年，満25歳以上のすべての　　　　　　に選挙権が与えられ
た。一方で　　　　　　　　が制定された。
　　共産主義思想や社会運動を取り締まるための法律

□ ㊺ 1929年に始まった，世界的な不景気を　　　　　　　という。
　　アメリカのニューヨークでの株価の大暴落がきっかけ

ゴロ
1932
いくさに進む五・一五

□ ㊻ 1932年，　　　　　　首相が暗殺される　二・二六　五・一五
事件が起き，戦前の政党政治が終わった。

第二次世界大戦末期，アメ
リカによって，1945年8月6
日には広島，9日には長崎
に原子爆弾が投下された。

□ ㊼ 1945年8月，日本は　　　　　　宣言を受諾し降伏した。この
のち　　　　　　が行われ，多くの小作農が自作農になった。

□ ㊽ 　　　　　　を中心とする西側陣営と　　　　　　を中心とする
東側陣営の対立は　　　　　　　　とよばれた。
　　第二次世界大戦後に始まった。1989年に終結
　　ソビエト連邦

ゴロ
1951
ひどく強引に平和条約

□ ㊾ 1951年，日本は48か国と　　　　　　　平和条約を結
び，独立を回復した。

ゴロ
1972
人苦難に負けず，沖縄返還

□ ㊿ 第二次世界大戦後アメリカが統治していた　　　　　県は1972
年に日本に返還されたが，アメリカ軍基地は残された。
　　現在も残り，多くの問題が起きている

1 現代社会と少子高齢化

(1)これまでの日本の社会

第二次世界大戦後、日本は敗戦からの復興をめざした。

→ 1950年代後半から1970年代前半まで高度経済成長期

経済発展の一方で、公害問題や大都市への人口集中などの問題が起こった。

◎ 高度経済成長で日本は…

◆ 交通が発達　◆ 工業が発達　◆ 電化製品が普及

近年は一人暮らしの単独世帯が増加。

大家族

◆ 家族構成が変化。

　…親・子・孫が暮らす大家族から、夫婦のみ・夫婦と未婚の

　子ども・または一人親と子どもからなる_____家族へ。

核家族

◆ 少子化が進んだ…_____が低下し、子どもの

　数が_____たため。一人の女性が一生の間に生む子どもの平均人数

〈背景〉 ┌ 結婚しない人が増えた。
　　　　├ 結婚する年齢が上がった。
　　　　└ 子育ての負担が大きい。

大家族では、子育てや高齢者の介護など、互いに支え合うことができた。

◆ 高齢化が進んだ…_____がのび、人口に占める高

　齢者の割合が_____たため。

なぜ？

医療技術の進歩や、食生活の充実などのため。

人口ピラミッドの変化

✎下の〔　〕の中に言葉を入れましょう。

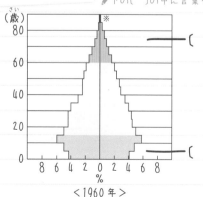

（歳）
80
60
40
20
0
8 6 4 2 0 2 4 6 8
%
〈1960年〉

〔　〕

〔　〕

〔　〕化 →

〔　〕化 →
8 6 4 2 0 2 4 6 8
%
〈2019年〉

※は85歳以上

（2020/21年版「日本国勢図会」ほか）

(2)少子高齢社会の課題

日本は急速に ＿＿＿＿＿＿＿＿ が進んでいる。
 └ 子どもの数が減り, 高齢者の割合が高くなる

なぜ？

●人口全体に占める働く世代の人数の割合が低下する。
 └ 15〜64歳の生産年齢人口のこと

高齢者が増えると, 高齢者に支払う社会保障費(医療保険や年金保険など)が増えるから。

→ ◆社会の活力や産業がおとろえるおそれ。
→ ◆社会保障費用の財源が不足するおそれ。 78ページ

●高齢者のみの世帯や, 高齢者の一人暮らしが増える。
→ 介護が必要になったとき, 支えきれない。

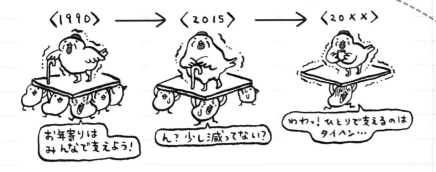

〈1990〉 → 〈2015〉 → 〈20××〉

お年寄りはみんなで支えよう！

ん？少し減ってない？

わわっ！ひとりで支えるのはタイヘン…

高齢者が高齢者を介護する「老老介護」など, 介護する人が疲れ果て, とも倒れのおそれがある。

こう見えてもうくたくた…

(3)少子高齢社会を支える社会

子育てがしやすく, 高齢者が健康に生き生きとくらせる環境をつくることが必要である。

●そのために…
 ◆国や地方公共団体が子どもを育てやすい環境を整備。

保育所の増設, 育児・教育費の援助など。

 ◆育児・介護休業法の制定。
  └ 仕事と育児や親の介護を両立できる環境をつくるための法律

 ◆地域社会での取り組み。

例｜高齢者と学生の交流。
　｜高齢者による子育て支援。
　　　└ 高齢者の経験を生かす
　｜建物や交通機関のバリアフリー化。

バスのバリアフリーの1つに, 乗車(降車)口と道路との段差を少なくして, 乗り降りしやすくしたノンステップバスがある。

2 情報化とグローバル化

(1)情報化と社会の変化

インターネットが急速に普及し，情報通信技術（ＩＣＴ）が発達。

→ 社会の　　　　　が進んでいる。

私たちは，大量で多様な情報を瞬時に，そして広範囲に，発信・受信・共有・公開することができるようになった。

> 人工知能（AI）の進化によって，情報化がさらに進んでいる。

> 24時間，いつでも，どこででも世界中の人たちと情報交換ができる！

● 情報化で変わる社会

遠隔医療

ランドセルのICタグ

外国にいる人とゲーム

(2)情報社会（情報化社会）の課題

● トラブルの増加!!
◆ 真実ではない情報や他人を傷つける情報が流される。
◆ 個人情報が悪用される。
◆ 犯罪に巻き込まれる。

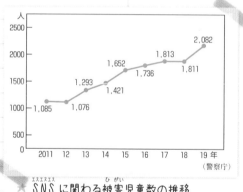
SNSに関わる被害児童数の推移
（警察庁）

● そこで…
情報を正しく活用する能力である，　　　　　　　　　を身につけることが重要。

● そのために…
◆ 大量の情報の中から必要な情報を選ぶ。
◆ 情報をうのみにせず自分自身で考えて判断する。
◆ 情報モラルを身につける。
→ { うその情報は発信しない。
個人的な情報をむやみに発信しない。

> ソーシャル・ネットワーキング・サービス（SNS）の利用増加にともなって，トラブルも増加。

(3)グローバル化が進む現代社会

グローバル化…人・モノ・お金・情報などの動きが＿＿＿＿＿
　　　　　　　を越えて活発になること。

　→ 世界の一体化が進んでいる。

> グローバル化は, 英語で「地球」を表す「グローブ」が語源なの。

グローバル化が進むと…
◎貿易が拡大する。
◎日本で暮らす外国人, 海外で暮らす日本人が増える。

> 海外で活躍しているスポーツ選手も増えている。

◎＿＿＿＿＿が進む。

|例| 日本ではこれまで, 原料を輸入して工業製品を輸出する
加工貿易がさかんだった。

↓

国内では製品の企画・開発を行い, 賃金の安い
アジア諸国で生産する分業を行う。

> 各国が有利な条件で生産できるものを貿易で交換し合うこともある。

◎＿＿＿＿＿がさかんになる。

|例|
┌─────────┐　　┌─────────┐
│国産品より安│　　│安くて質の良い国産│
│い輸入品が売│ ⟷ │品をつくろうとする│
│られる。　　│　　│動きが強まる。　　│
└─────────┘　　└─────────┘

> 輸入品への依存が強まると, 食料自給率の低下などの問題も発生。

◎ある国でのできごとが, 世界中に影響する。
　|例| ◆アメリカの金融機関が破たん。
　　　→ 世界中が不景気になった。
　　◆タイで洪水が起こった。
　　　→ タイにあるアメリカの工場が生産を停止した。

◎地球環境問題など, 一国では解決できない問題も多くなり,
　国際協力が求められている。
　　↳国境を越えた協力

> 地球温暖化を防止するために, 国際的な会議が開かれている。

◎お互いの個性や文化, 国の特徴を大切にする,
　　　　　　　の実現が求められている。

③ 生活と文化，現代社会の中の私たち

(1)現代社会の文化

____とは…人類が，暮らしと心を豊かにするために，長い時間をかけてつくりあげてきたもの。
○ 医学の発達によって平均寿命がのびた

例 ◆ ____…技術が進歩することでくらしが向上する。

◆ ____…信仰（しんこう）することで心の支えや生きる意味を得る。

◆ ____…安らぎや感動が得られる。

● 異文化理解…世界には，さまざまな文化があるため，お互（たが）いの文化を尊重し，共生することが重要。

> 日本国内でも，地域の特色ある気候や風土のもとで形成された，琉球（りゅうきゅう）文化（沖縄県（おきなわ）），アイヌ文化（北海道（ほっかいどう））などの独特の文化がある。

(2)日本の文化の特徴（とくちょう）

外国の文化の影響（えいきょう）を受けながら，独自の文化を形成。

● アジアから伝わった文化

例 稲作（いなさく）（弥生時代（やよい）），仏教（古墳時代（こふん）），
茶を飲む習慣（鎌倉時代（かまくら））

● 西洋から伝わった文化
…明治時代（めいじ）以降，急速に広まる。

● 四季のある気候や風土と結びついた伝統文化

例 ◆ 浮世絵（うきよえ）や，俳句（はいく）などの文芸 ○ 季節にちなんだ言葉を使う

◆ ____…毎年決まった時期に行われる。

◆ 和食…ユネスコの無形文化遺産に登録。

● 伝統芸能や伝統工芸…古くから代々伝えられてきた。

> 着物に代わって洋服を着る人が増え，和食のほかに洋食も食べられるようになった。

例

能

陶磁器や織物

歌舞伎

→ 伝統を受けつぎつつ，新たに創造することも大切。

● 世界に広がる日本文化

例 漫画（まんが），アニメ，ゲーム，ファッションなど

> 伝統芸能や伝統工芸品は文化財保護法などで保護されているよ。

(3)現代社会の中の私たち

人は, さまざまな ＿＿＿＿＿＿ に属している。

　→ このことから, 人間は社会的存在といわれる。

解決策
対立　効率と公正　合意

家族・学校・職場や地域社会・国家など。

◉集団の中や集団と集団の間で, 考えの違いや利害などをめぐって起こる問題を ＿＿＿＿ という。

　→ 人々は, 話し合って ＿＿＿＿＿ をめざす。

◉よりよい合意のために必要なことは…

　◆ ＿＿＿＿ …時間やお金・労力などの無駄がない。

　◆ ＿＿＿＿ …一人一人の意見を尊重し, 結論にも配慮。

対立を防ぐためには, 決まり(ルール)が必要。

文化祭の出し物を決める〈3年C組の場合〉

✎下の〔　〕の中に言葉を入れましょう。

①と②, 以下の2つの案があがり対立した。

①パネル展示案→古代ロマンあふれる縄文時代について調べて発表したい!
②カフェ案→来てくれた人たちをおいしいお菓子でおもてなししたい♪

①がいい…
②にしよう!

対立

話し合い

〔　　　　〕…
◆話し合いにクラス全員が参加。
◆より多くの人の意見を反映する。

〔　　　　〕…
◆教室全体を無駄なく使う。

教室の壁には, 縄文時代について調べたことを飾って, 当日は, 縄文風のカフェにしよう。

縄文 CAFE

〔　　　　〕…解決案: "縄文カフェにようこそ!"

◉話し合いの進め方と決定のしかた

決定方法	長所	短所
全員一致	全員が納得できる	時間がかかることがある
多数決	短時間で決定できる	少数意見が反映されにくい

話し合いは, 時間は短い方がより効率的, 参加者は多い方が多くの意見が反映されるのでより公正といえる。
参加者がとても多い場合, 代表者による話し合いが行われることもある。

確認テスト①

●目標時間：３０分　●１００点満点　●答えは別冊 21 ページ

1 あとの各問いに答えなさい。 ＜4点×2＞

重要 (1)　1950 年代後半〜 1970 年代前半ごろ，日本では企業の生産がのび，人々の所得が増え続けました。このころの経済の発展を，何といいますか。

［　　　　　　　　　　　］

(2)　(1)のころの日本の社会の動きに<u>あてはまらないもの</u>を，次の**ア〜エ**から１つ選びなさい。

ア　農山村では過疎になやむ地域が増えた。

イ　第１次産業に従事する人の割合が，第２次産業を上回った。

ウ　大気の汚染や水質の汚濁による公害が各地で深刻な問題になった。

エ　電化製品の普及が進んだ。

［　　　　　　　　　　　］

2 次の文を読んで，あとの各問いに答えなさい。 ＜4点×3＞

　日本では,近年,合計特殊出生率が低下している。合計特殊出生率の低下傾向は今後も続き，（　**A**　）化はさらに進んでいくと考えられる。子どもの数が減ったことにより，家族の形態も変化している。かつては三世代世帯も多かったが，現在は，夫婦だけ，あるいは親子だけなどの（　**B**　）や一人暮らしの単独世帯が増加している。（　**B**　）では，介護や子育てなどの重い負担になやむ人も多い。

重要 (1)　文中の（　**A**　）にあてはまる語句を漢字２字で答えなさい。

［　　　　　　　　　　　］

(2)　文中の（　**B**　）にあてはまる家族形態を漢字３字で答えなさい。

［　　　　　　　　　　　］

(3)　日本の現在の人口ピラミッドを，右の**ア〜ウ**から１つ選びなさい。

［　　　　　　　　］

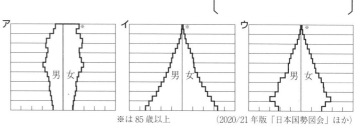

※は 85 歳以上　　　（2020/21 年版「日本国勢図会」ほか）

3 次の文を読んで，あとの各問いに答えなさい。 ＜(2)は 12 点，他は5点×3＞

　近年のグローバル化により，各国が得意とするものや不足するものを貿易で交換し合う国際（　　　　）が広がった。日本では，<u>A豊富な労働力をもつアジア諸国に製品の生産をまかせ</u>，国内では製品の企画などを行う企業が増えている。

(1)　文中の（　　　　）にあてはまる語句を，漢字２字で答えなさい。

［　　　　　　　　　　　］

重要 (2) **下線部A**の理由として，労働力が豊富なことのほかにどんなことがあげられるか，簡潔に答えなさい。

$$\left[\right]$$

(3) グローバル化の進展とともに，日本で見られるようになった動きを，次の**ア～エ**から2つ選びなさい。 〔　　　　　〕〔　　　　　〕

ア 海外に工場をつくって現地で生産する企業が増えた。

イ アジアなどから来日して働く外国人労働者が多くなった。

ウ 原料を輸入し製品を輸出する加工貿易がさかんになった。

エ 野菜や肉類などの食料自給率が上昇した。

4 次の文を読んで，あとの各問いに答えなさい。 〈(1)は5点, (2)は12点〉

　近年，大量の情報を伝える手段として，新聞やテレビのほかインターネットが重要な役割を果たすようになった。その背景として**A情報通信技術**が発達し，光ファイバーなどの通信網が整備され，大量の情報を瞬時に送受信できるようになったことがあげられる。

(1) **下線部A**のことをアルファベット3字で何といいますか。 〔　　　　　〕

(2) 情報化が進んだ現代では，大量の情報を受け取ることができます。私たちが情報を受け取り，利用するときに大切なことを，「価値」，「選択」の語句を使って説明しなさい。

$$\left[\right]$$

5 あとの各問いに答えなさい。 〈4点×9〉

(1) 次の①～③にあてはまる文化の領域を，あとの**ア～ウ**からそれぞれ選びなさい。

① 感動ややすらぎを得たり，美意識を高めたりすることができる。 〔　　　　　〕

② 生命を守ったり，生活を便利にしたりすることができる。 〔　　　　　〕

③ 信仰によって人生の不安などを解決するヒントを得ることができる。 〔　　　　　〕

ア 宗教　**イ** 芸術　**ウ** 科学

(2) ひな祭りや，七夕などのように毎年，同じ時期に行われる行事を何といいますか。 〔　　　　　〕

(3) 次の文中の**A～E**にあてはまる語句を，あとの**ア～オ**からそれぞれ選びなさい。

◇　社会集団の中で，人々の考え方や（　**A**　）の違いから（　**B**　）が生じた場合，話し合いで（　**C**　）をめざすことができる。このときに必要なことは，時間や労力などで無駄がないようにする（　**D**　）と，（　**C**　）までの手続きや結果の面で，誰もが不当なあつかいを受けないようにする（　**E**　）という考え方である。

ア 効率　**イ** 公正　**ウ** 対立　**エ** 合意　**オ** 利害

A〔　　　〕B〔　　　〕C〔　　　〕D〔　　　〕E〔　　　〕

1 人権思想の発達と日本国憲法

(1)人権思想の始まり

人権とは…人が生まれながらにしてもっている権利。

人権思想は, 17世紀にイギリスやフランスで生まれる。

人権思想が生まれる前の16〜18世紀のヨーロッパでは, 国王が専制政治(絶対王政)を行っていた。市民らが, 自由と平等を求めて絶対王政を倒した革命を市民革命という。
例 名誉革命(イギリス)
　アメリカ独立戦争
　フランス革命

◉人権思想を主張した思想家

ロック先生

ロックンロール!!

自由と平等を!!!

◆抵抗権を唱え, 民主政治を主張。

◆著書…『統治二論』

モンテスキュー先輩

立法 行政 司法

市民革命に影響

ルソー

代市民の表者として

ロックらが説いた, 社会(国家)は互いに自由で平等な個人の同意によって成り立つという考え方(社会契約説)は, 国王の政治に苦しむ人々に受け入れられた。

◆＿＿＿＿＿＿＿＿を主張。

◆著書…『法の精神』

◆＿＿＿＿＿＿＿を主張。

◆著書…『社会契約論』

(2)人権思想の発展

◉17世紀後半のイギリス

1689年, ＿＿＿＿＿＿＿＿＿＿＿＿を発布。
　　　　　　　　　　　名誉革命後

→ 議会の権限を確立。

◉18世紀後半, アメリカ・フランス

1776年, ＿＿＿＿＿宣言　アメリカ独立戦争

1789年, ＿＿＿＿＿宣言　人権宣言
　　　　　フランス革命

人権宣言　第1条

人は生まれながらに, 自由で平等な権利をもつ。社会的な区別は, ただ公共の利益に関係のある場合にしか設けられてはならない。

→ 自由権と平等権を保障。

◉20世紀

　ドイツのワイマール憲法で初めて規定されたとされる

・人間らしい生活を保障するための＿＿＿＿＿が確立

→ 1948年に「世界人権宣言」が採択される。41ページ

(3)日本国憲法の制定

● 1889年, 大日本帝国憲法の制定。… ＿＿＿＿＿ 主権。
（明治時代／ていこく）

↓
（昭和時代）

第二次世界大戦の終結→民主的な国づくりへ。

↓

日本政府が作成した草案は, 民主化不十分で却下。
（そうあん）（きゃっか）

★日本国憲法公布の祝賀会
（1946年11月3日）
（朝日新聞社／PPS通信社）

連合国軍最高司令官総司令部（GHQ）から独自の案が出される。
（ジーエイチキュー）

↓

● ＿＿＿＿＿＿＿ の制定。
1946年11月3日公布, 1947年5月3日施行
（しこう）

→ 三権分立（権力分立）を採用

● 立憲主義…憲法が国家権力を抑制し, 人権を保障する考え。
（よくせい）

公布は広く知らせる
こと, 施行は効力が発
生することだよ。

大日本帝国憲法との比較
（ひかく）

✏下の〔 〕に言葉を入れましょう。

大日本帝国憲法		日本国憲法
〔 　　　 〕	主権者	〔 　　　 〕
〔 　　　 〕の範囲内で 自由や権利を認める （はんい）	国民の権利	永久不可侵の基本的 人権を保障 （ふかしん）
兵役, 納税, （教育） （へいえき）	国民の義務	教育, 勤労, 納税
天皇に協賛する機関	国会	国権の最高機関, 唯一の立法機関 （ゆいいつ）
天皇を助けて政治を行う	内閣	〔 　　　 〕制
天皇の名において裁判	裁判所	司法権は独立

2 日本国憲法の基本原則

(1)日本国憲法の3つの原則

_____ …日本の最高法規である。
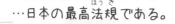
　└ 国の最高のきまり。すべての法律や命令に優先

日本国憲法は, 国民主権・_____・平和主義の
3つが基本原則。

★法の構成

憲法	◀国の最高のきまり
法律	◀国会が制定するきまり
命令（政令や省令）	◀内閣や省庁が定めるきまり。

> 大日本帝国憲法では, 主権は天皇にあった。

【日本国憲法　前文・第1条】

（前文）日本国民は, 正当に選挙された国会における代表者を通じて行動し, ……ここに主権が国民に存することを宣言し, この憲法を確定する。……
（第1条）天皇は, 日本国の象徴であり日本国民統合の象徴であって, この地位は, 主権の存する日本国民の総意に基く。

○ _____ …国の政治のあり方を最終的に決める
　　　　　権限（主権）を国民がもっていること。

　→ 選挙や, 選挙を通じて選ばれた代表者によって政治
　　を行うことで, 国民の意見を反映している。

　＝ _____ 制（議会制民主主義, 代議制）44ページ

　→ 天皇は, 日本国や日本国民統合の _____ である。憲法前文・第1条
　…政治的な権限はもたず, 国事行為のみを内閣の助言と承認
　に基づいて行う。
　　　　　　└ 儀礼的・形式的な行為のみ

天皇の国事行為 ✐下の〔　〕に言葉を入れましょう。

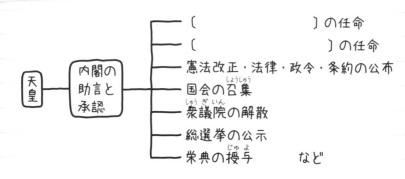

天皇 — 内閣の助言と承認
〔　　　　　　　〕の任命
〔　　　　　　　　〕の任命
憲法改正・法律・政令・条約の公布
国会の召集
衆議院の解散
総選挙の公示
栄典の授与　　　など

◎基本的人権の尊重…人権とは人間が＿＿＿＿＿＿＿＿にし
てもっている権利のこと。
憲法では，侵(おか)すことのできない＿＿＿＿＿＿
の権利として保障している。 34ページ

第9条には，第二次世界大戦の反省から，2度と戦争を起こさないという決意が表れている。

◎＿＿＿＿＿…戦争を放棄(ほうき)し，世界の恒久(こうきゅう)平和のために努力
すること。 32ページ

　　　　　　　　戦争をしない　　　　軍隊をもたない
→ 憲法第　　　条で＿＿＿＿＿＿＿＿・戦力の不保持・
交戦権の否認を定めている。
　　　　　国家が戦争をする権利を認めない

(2)憲法の改正

憲法は国の最高法規→憲法改正には厳しい手続きがある。

日本国憲法は，制定されてから1度も改正されたことがない（2021年4月現在）。

　　　　　　投票年齢(ねんれい)は18歳(さい)以上
◎憲法改正には＿＿＿＿＿＿で有効投票の過半数の賛成が必
要。

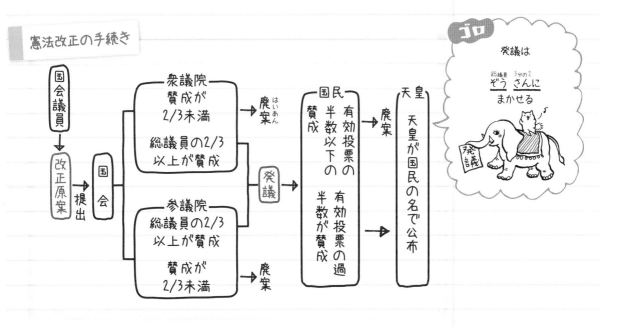

憲法改正の手続き

ゴロ

発議は
総議員 3分の2
ぞう さんに
まかせる

3 平和主義

(1)平和主義と憲法第9条

平和主義とは…世界の変わらぬ平和を求めていこうとする
考えのこと。

→ 日本国憲法の前文と第　　　条で,徹底した平和主義を
掲げる。 憲法第9条

◉憲法第9条の内容

◆　　　　　の放棄　　　◆　　　　　の否認

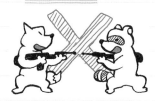

◆戦力の不保持

日本国憲法　第9条

①日本国民は,正義と秩序を基調と
する国際平和を誠実に希求し,国権
の発動たる戦争と,武力による威嚇
又は武力の行使は,国際紛争を解決
する手段としては,永久にこれを放
棄する。
②前項の目的を達するため,陸海空
軍その他の戦力は,これを保持しな
い。国の交戦権は,これを認めない。

ゴロ

第9条
苦情はなしよ
平和にいこうよ

(2)自衛隊

韓国と北朝鮮の戦争
1950年,　　　　　　　　が起こる。

↓

在日アメリカ軍が朝鮮戦争に送られたため,日本国内を守る組織
が必要になった。

→ 1950年に警察予備隊ができ,保安隊をへて,1954年に
　　　　　が発足。

◉自衛隊の役割…国土防衛,治安維持,災害救助など。
　　　　　近年は国連の平和維持活動(PKO)に参加
　　　　　し,海外でも活動。

◉憲法第9条と自衛隊…自衛隊の存在が第9条に違反するかど
　　　　　うかの議論がある。

最高指揮権は
内閣総理大臣
がもつ
(文民統制)

憲法違反とする主張 自衛隊は第9条で禁じる 戦力にあたる。	×	憲法に違反しないとする主張 主権国家には自衛権があり,自衛隊は「自衛のための 必要最小限度の実力」であるので,戦力にあたらない。

(3)日米安全保障条約

第二次世界大戦の講和条約

1951年, サンフランシスコ平和条約と同時に

＿＿＿＿＿＿＿＿＿＿＿＿を結ぶ。

…1960年の改定で, 日本が武力攻撃を受けたら,

日本とアメリカが共同防衛することが決められた。
こうげき

→ そのため, 日本国内にアメリカ軍基地が設置されている。

★ 沖縄の米軍基地
…日本各地にある
基地の面積の約
70%が沖縄県に集
中。

(4)集団的自衛権

集団的自衛権とは…密接な関係にある国が攻撃された場合, 自
国が攻撃されていなくても密接な国ととも
に反撃する権利。

→ 2015年に限定的に集団的自衛権を認める法律が成立。

個別的自衛権　　　　　　集団的自衛権

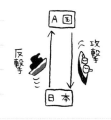

> 集団的自衛権行使の主な条件
> ・日本の存立がおびやかされ,
> 　国民の生命や自由に明白な
> 　危険がある。
> ・ほかに国民を守る手段がな
> 　い。
> ・必要最低限度の行使にとど
> 　める。

(5)非核三原則
ひ かく

第二次世界大戦中, 広島と長崎へ＿＿＿＿＿＿＿＿が投下された。
ゆいいつ　ひ ばくこく　　　　　　　　　　　　　　　　うった
→ 日本は世界で唯一の被爆国として, 核兵器廃絶や軍縮を訴え
　　　　　　　　　　　　　　　　　　はいぜつ
ていくことが望まれる。
かか
日本は＿＿＿＿＿＿＿＿＿を掲げている。

…核兵器を「持たず, つくらず, ＿＿＿＿＿＿＿＿＿」。

> 非核三原則を打ち出
> した佐藤栄作首相
> さ とうえいさく
> は, 1974年にノーベ
> ル平和賞を受賞した。

もたず
(核兵器をもたない)

つくらず
(核兵器をつくらない)

もちこませず
(核兵器のもちこみを
許さない)

4 基本的人権と個人の尊重

(1)基本的人権

基本的人権とは…

◎人が生まれながらに当然もっている権利。 憲法第11条

日本国憲法　第11条

国民は，すべての基本的人権の享有を妨げられない。この憲法が国民に保障する基本的人権は，侵すことのできない永久の権利として，現在及び将来の国民に与へ(え)られる。

◎不可侵の権利…国家の力で奪うことができない。

わたさない！

国家

権利

◎永久の権利…現在から将来にわたって保障されている。

権利　権利　権利

ゴロ

基本的人権が
保障されるのは

第11条
イイね！

→ 基本的人権は，＿＿＿＿＿＿＿の考え方に基づいている。

└一人ひとりをかけがえのない存在としてあつかう

基本的人権の内容　🖊下の〔　〕に言葉を入れましょう。

〔　　　〕権 …自由に生きるための権利	〔　　　〕権 …人間らしく生きるための権利	人権を守るための権利 ・〔　　　〕権 ・請求権　など
法の下の平等(〔　　　〕権)…等しく生きるための権利		
個人の尊重		

(2)基本的人権の制限

「自由とは, 他人に害をあたえない限り, なにごともできるということである。(フランス人権宣言第4条)」
→ お互いの権利や自由を守るために調整をする必要がある。

　　　　　　　　…大多数の人々の利益という意味。

日本国憲法　第12条
……国民は, これを濫用してはならないのであって, 常に公共の福祉のためにこれを利用する責任を負ふ(う)。

憲法第12条
→ 公共の福祉に反する場合, 個人の権利は法律によって制限されることがある!

(例)道幅が狭くて渋滞が多い道路の場合

(3)国民の義務

憲法には, 権利のほかに国民の義務も定められている。

◆ 子どもに普通教育を受けさせる義務

◆ 勤労の義務

ゴロ
国民の義務は,
勤労
金曜日には,
納税 教育
農協 へ

◆ 　　　　の義務

5 平等権と自由権

(1)平等権

日本国憲法　第14条

①すべて国民は, 法の下に平等であっ
て, 人種, 信条, 性別, 社会的身分
又は門地により, 政治的, 経済的又
は社会的関係において, 差別されな
い。

平等権とは…　　　　　　を受けずに, だれもが同じあつかい

を受ける権利。

◉法の下の平等　　憲法第14条

　…　　　　　　でだれもが平等であることが保障されている。

> 門地とは家がらのこと。

◉両性の本質的平等

　…結婚や家族に関することは, 男女が平等に決める。

(2)差別の克服

憲法で平等権を保障しているが, さまざまな差別や偏見がある。

◉男女平等　　1986年施行　　　　　1999年施行

　◆男女雇用機会均等法　◆男女共同参画社会基本法

> 男女に関わらず, 仕事をしな
> がら育児や介護が行えるよ
> うに, 育児・介護休業法が制
> 定されている。 21ページ

雇用の面での
男女差別を
禁止

育児や介護

政治
活動

男女が対等な
立場で活躍で
きる社会をめ
ざす

◉障がいのある人々への配慮

→　　　　　　　化が進められている。

◉部落差別

　…被差別部落の人に対する差別。同和問題ともいう。

> 最近は特定の民族に対する
> ヘイトスピーチが問題に
> なっている。

◉民族差別　　北海道の先住民

　…アイヌの人々や, 在日韓国・朝鮮人とその子孫,

　外国人労働者などへの差別が残る。

◉性の多様性　　LGBTとよばれることもある

　…同性愛の人々や心と身体の性が一致しない人々などへの差

　別がある。

(3)自由権

自由権とは…国から制約を受けず, 自由に活動する権利。

◉精神の自由…心の中の自由や, それを表現する自由。

◆ ＿＿＿＿＿＿ の自由　　◆信教の自由　　◆学問の自由

◆集会・結社・表現の自由

通信の秘密

> 第二次世界大戦中は, 政府に都合の悪いことが書かれた本を発行できなくしたり, その本を書いた人を逮捕(たいほ)したりすることもあった。

◉身体の自由…正当な理由なく身体を拘束(こうそく)されない自由。

◆奴隷的拘束(どれい)および苦役(くえき)からの自由　　◆不当な逮捕(たいほ)からの自由

> 違法(いほう)な捜査(そうさ)や拷問(ごうもん)による取調べ, 自白の強要などは行われない。

◆法定手続きの保障…法律の定める手続きによらなければ,
生命や自由を奪(うば)われたり, 刑罰(けいばつ)に処されたりしない。

◉ ＿＿＿＿＿＿ の自由

…経済的に安定した生活を送るために保障された自由。

◆居住・移転・職業選択(せんたく)の自由　　◆財産権の保障

> 経済活動の自由のうち財産権は, 公共の福祉(ふくし)や, 社会権の保障が確立する中で, 制限されるようになった。
> 35ページ

6 社会権と人権を守るための権利

(1)社会権

社会権とは…だれもが人間らしい生活の保障を求める権利。

> 初めて社会権を規定したのは，
> 20世紀のドイツで制定された
> ワイマール憲法である。

◎ _____ 権…健康で文化的な最低限度の生活を営む権利。

→ 国民の生存権を国が保障する，社会保障制度がある。 憲法第25条

78ページ

> 日本国憲法　第25条
> ①すべて国民は，健康で文化的な最低限度の生活を営む権利を有する。
> ②国は，すべての生活部面について，社会福祉，社会保障及び公衆衛生の向上及び増進に努めなければならない。

◎ _____ 権利

…憲法で定められており，_____ は無償である。

> 働くことは国民の権利
> でもあり，義務でもある。

◎ _____ の権利

…安定した生活を送れるように，定められている。

◎労働基本権(労働三権)

…経営者よりも弱い立場である労働者を守るための権利。

◆ _____ 権　◆団体交渉権　◆団体行動権(争議権)

【労働組合】　　【労使協議】　　【ストライキ】

労働三権に基づいて _____ が定められている。 74ページ

◆ _____ …労働条件の最低基準などを定めた法律。

◆労働組合法…労働者が労働組合を結成し，使用者と対等に
交渉することを助けるための法律。

◆労働関係調整法…労働争議の予防・解決のための法律。

(2)人権を守るための権利　－参政権－

_____権とは…国民が直接,または代表者を通じて国の政治
に参加する権利。

最近は選挙権を行使しない（投票に行かない）人が増え,選挙の投票率が低下している。

◉選挙権
…代表者を
選挙で選ぶ権利。

◉被選挙権
…代表者として国民に選挙
される資格（権利）。

18歳以上

議員に立候補しました!!

その他,住民投票権,直接請求権,請願権も参政権に含まれる。

◉国民審査…_____の裁判官がその職に適格かどう
か,を国民が直接投票する権利。

◉国民投票…_____の賛否を決めるために,国民投票を
行う権利。

(3)人権を守るための権利　－請求権－

_____権（国務請求権）とは…基本的人権が侵害されたとき,
救済を求める権利。

◉_____権利…裁判所で裁判を受ける権利。

無罪の判決を受けた人は,身柄を拘束された日数に対して国に補償を請求できる。

◉国家賠償請求権…公務員の不法行為によって損害を受けた場
合,その損害の賠償を国や地方公共団体に請求できる。

◉刑事補償請求権…抑留や拘禁をされた後に無罪だとわかっ
た場合,国に対してその補償を求めることができる。

人権を守るためのしくみもつくられている。
…法務省の人権擁護局,各市町村の人権擁護委員など。

7 新しい人権

(1)新しい人権の登場

新しい人権とは…憲法に定められていないが，人々の意識が変わったことによって主張されるようになった権利。

→ 憲法第13条の幸福追求権が根拠。
<small>こんきょ</small>

科学技術の発達によって工業化や情報化が進み，社会が急激に変わったから。

◎ _____
…人間らしい生活ができる環境を求める権利。
<small>かんきょう</small>

新しいビルで日があたらなくて困るわ！

取り組み →環境基本法，環境アセスメント
<small>環境影響評価</small>
<small>えいきょう</small>

◎知る権利
…国や地方公共団体に，情報の公開を求める権利。

国の予算の使い道をくわしく知りたい。

取り組み →情報公開条例，情報公開法

◎ _____ の権利
…私生活をみだりに公表されない権利。

ぼくの情報が知らぬ間に！プライバシーの侵害だ！
48kg

<small>ソーシャル・ネットワーキング・サービス</small>
近年，SNSの普及によって，個人情報の流出や悪用が問題に。
<small>ふきゅう</small>

取り組み →個人情報保護法

◎自己決定権
…個人が自分の生き方などについて自由に決定する権利。

その治療法にします

取り組み →インフォームド・コンセント，臓器提供意思表示カード

インフォームド・コンセント…病院などで，患者が医師から治療に関する十分な説明を受け，納得した上で同意（治療法を決定）すること。
<small>かんじゃ</small> <small>ちりょう</small>

臓器提供意思表示カード
<small>厚生労働省・公社 日本臓器移植ネットワーク</small>

ドナー情報全国共通連絡先 0120-22-0149
臓器移植に関するお問い合わせ窓口：公社 日本臓器移植ネットワーク
フリーダイヤル 0120-78-1069 https://www.jotnw.or.jp/

《 1．2．3．いずれかの番号を ◯ で囲んでください。》
1．私は，脳死後及び心臓が停止した死後のいずれでも，移植の為に臓器を提供します。
2．私は，心臓が停止した死後に限り，移植の為に臓器を提供します。
3．私は，臓器を提供しません。
《 1 又は 2 を選んだ方で，提供したくない臓器があれば，× をつけてください。》
【 心臓・肺・肝臓・腎臓・膵臓・小腸・眼球 】
〔特記欄〕
署名年月日：　　　　年　　　月　　　日
本人署名（自筆）：
家族署名（自筆）：

★ 臓器提供意思表示カード
（公益社団法人 日本臓器移植ネットワーク）

↓

人権に対する考え方は時代の流れにともない変化している。

(2)国際的な人権保障

人権の保障は, 1つの国だけにとどまらず, 国際社会の問題になっている。

→ 国際的に人権保護のための条約などが定められている。

1948年	◆〔　　　　　　　　　　　〕	第二次世界大戦後
	…基本的人権の国際的模範を示す	
1966年	◆国際人権規約	高度経済成長期
	…世界人権宣言の実現をめざすための条約	
1979年	◆女子差別撤廃条約	日中平和友好条約のころ
	…政治・経済・社会などの分野で男女差別の撤廃を求める	
1989年	◆子どもの権利条約(児童の権利条約)	
	…子どもの人権を保障し, 生きる権利や守られる権利などを定める	バブル経済

人権を奪われて苦しんでいる人がいることを, 自分の立場に置きかえて想像してみよう。

(3)国際的な取り組み

国際的な人権保障のために, 各国だけでなく

N G O (　　　　　　　　　　)なども重要な役割を果たしている。

NGOは, Non Governmental Organization の略。

NGOの種類

●アムネスティ・インターナショナル

　…政治犯の権利や自由を守る組織。世界人権宣言に基づいて活動をしている。

●国境なき医師団

　…国際的な人道・医療活動を行う。

確認テスト②

/100

1 右の年表を見て，あとの各問いに答えなさい。　　　　　　　　　　　　　　　　＜4点×3＞

年	できごと
1688	名誉革命が起こる
1690	「（　A　）」の出版
1748	「法の精神」の出版
1776	B独立宣言の発表
1789	（　C　）の発表

(1) （　A　）の著者と著書名の正しい組み合わせを，次の**ア**〜**エ**から1つ選びなさい。　〔　　　　　　　〕

　　ア　モンテスキュー＝『統治二論（市民政府二論）』

　　イ　リンカン＝『社会契約論』

　　ウ　ロック＝『統治二論（市民政府二論）』

　　エ　ロック＝『社会契約論』

(2) **下線部B**を発表した国を答えなさい。　〔　　　　　　　　　　　　〕

重要 (3) （　C　）は，フランス革命の際に発表された文書です。これを一般に何とよんでいるか答えなさい。　〔　　　　　　　　　　　　〕

2 右の表を見て，あとの各問いに答えなさい。　　　　　　　　　　　　　　　　＜5点×9＞

大日本帝国憲法		日本国憲法
欽定	性格	民定
（　A　）	主権者	国民
神聖不可侵	天皇	（　B　）
法律の範囲内で自由や権利が認められる	国民の権利	基本的人権は永久・不可侵

(1) （　A　）・（　B　）にあてはまる語句を，それぞれ漢字2字で答えなさい。

　　A〔　　　　　　　〕　B〔　　　　　　　〕

(2) 大日本帝国憲法は，何時代に制定されましたか。　〔　　　　　　　時代〕

(3) 日本国憲法について，次の各問いに答えなさい。

　① この憲法が公布された年月日を答えなさい。

　　〔西暦　　　年　　　月　　　日〕

　② この憲法で定める天皇の仕事として誤っているものを，次の**ア**〜**エ**から1つ選びなさい。

　　ア　国会を召集する。　　　**イ**　法律から独立して命令を出す。　〔　　　　　〕

　　ウ　栄典の授与を行う。　　**エ**　衆議院を解散する。

(4) 次の文を読んで，あとの各問いに答えなさい。

　◇　日本国憲法は，**a国民主権**・基本的人権の尊重・**b平和主義**を3つの柱としている。

　① **下線部a**について，憲法を改正する際に，国民の承認を得るために行われることは何ですか。

　　〔　　　　　　　　　　　　〕

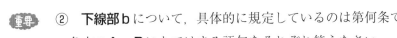

重要 ② 下線部bについて，具体的に規定しているのは第何条ですか。また，以下に示したその条文のA・Bにあてはまる語句をそれぞれ答えなさい。

◇ 日本国民は，正義と秩序を基調とする国際平和を誠実に希求し，国権の発動たる（　A　）と，武力による威嚇又は武力の行使は，（　B　）を解決する手段としては，永久にこれを放棄する。

第 ［　　　］ 条　A ［　　　　　　　］　B ［　　　　　　　］

3 次のA～Fの文を読み，あとの各問いに答えなさい。　　　　　　　　　　　　　<4点×7>

A　今日では憲法が保障する国民の権利を実現するため，疾病・失業・高齢によって生活が困難になった人などに対し，国が生活を保障する諸制度が設けられている。

B　衆議院・参議院議員選挙における，一票の価値の差が大きな問題となり，憲法で定められている国民の権利に反するものとして，訴訟がおこされた。

C　公務員の不法行為で損害を受けた場合は，国や地方公共団体に対して損害の賠償を求めることができるが，これも憲法で定める国民の権利の1つである。

D　選挙に立候補したり，投票したりすることは，国民の権利として憲法で保障されている。

E　自己の意思で職業を選択することは，国民の権利として憲法が規定している。

F　憲法は，能力に応じて，ひとしく教育を受ける権利を国民の権利として明文化している。

(1) 上のA～Fの各文が述べている国民の権利を，次のア～オからそれぞれ選びなさい。

ア　自由権　　イ　平等権　　ウ　参政権　　エ　請求権　　オ　社会権

A ［　　　　　　　］　B ［　　　　　　　］　C ［　　　　　　　］
D ［　　　　　　　］　E ［　　　　　　　］　F ［　　　　　　　］

(2) 国民には権利のほかに義務が定められています。働く能力のある者はすべてその能力に応じて働かなければならない義務を何といいますか。

［　　　　　　　　　　　　］

4 次の文を読んで，あとの各問いに答えなさい。　　　　　　　　　　　　　<5点×3>

近年は社会の進展にともない①国などに対して情報の提供を求める権利のほか，②個人の私生活をみだりに公開されない権利，③人間らしい生活ができる環境を求める権利など，新しい権利が主張されるようになった。

重要 (1) 下線部①・②の権利をそれぞれ何といいますか。

① ［　　　　　　　　　］　② ［　　　　　　　　　］

(2) 下線部③と特に関係の深いものを，次のア～エから1つ選びなさい。

ア　労働基本権　　イ　参政権　　ウ　幸福追求権　　エ　平等権

［　　　　　　　　　］

No.

1 民主政治と選挙のしくみ

(1)個人の尊重と民主政治

民主政治とは… <u>ものごとをみんなで話し合って決めようとする考え</u> にもとづく政治。

→ 国民全員が話し合いに参加するのが理想だが, 現実的には困難!

↓ 直接民主制

そのため現在は多くの国で, _____制(議会制民主主義, 代議制)がとられている。

…国民の代表者(議員)を選挙で選び, 代表者が議会(国会)で話し合ってものごとを決める。

民主主義の原理を表す言葉に,「人民の, 人民による, 人民のための政治」がある。
これは, アメリカ合衆国16代大統領リンカン(リンカーン)が南北戦争中に言った名言。

リンカン

(2)日本の選挙のしくみ

主権者である国民は, 選挙を通じて政治に参加している。

◉選挙の4原則

◆ _____選挙…一定年齢以上のすべての人が選挙権をもつ。

◆秘密選挙…無記名で投票する。

満18歳以上

自分の名前は書かなくていいのね!

話し合っても意見が一致しない場合は, 最終的には多数決で決定するが, 少数意見の尊重も必要。

昔は納税額が多い男子だけに選挙権があった。1925年に満25歳以上の男子のみによる普通選挙, 1945年に満20歳以上の男女による普通選挙が実現した。2016年に満18歳以上の男女に引き下げられた。

◆平等選挙…1人が1票をもつ。1票の価値が平等。

◆_____選挙…直接候補者に投票。

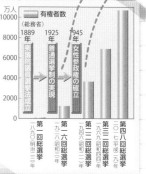

★選挙権の拡大

公職選挙法は, 選挙のしくみについて定めている。

◆選挙権…_____以上の日本国民に保障されている権利。

2016年から, これまでの満20歳から満18歳に引き下げられた。

◆被選挙権…選挙で立候補できる権利。

44

被選挙権の年齢

✎下の〔　〕の中に言葉を入れましょう。

	国　会		地方公共団体			
	衆議院議員	参議院議員	都道府県		市(区)町村	
			知事	議員	市(区)町村長	議員
被選挙権	満〔　　　〕歳以上	満〔　　　〕歳以上	満〔　　　　　〕歳以上			

ゴロ

知事・参議院議員
知事さん　30歳,
その他は満25歳以上

(3)小選挙区制と比例代表制

● 〔　　　　　〕制…1つの選挙区から1人の代表者を選ぶ。

|特徴| 死票が多くなる。大政党に有利で政権が安定。
とくちょう　　落選者に投じられた票

●大選挙区制…1つの選挙区から2人以上の代表者を選ぶ。

● 〔　　　　　〕制…各政党の得票率に応じて議席を配分。

|特徴| 死票が少ない。政権が不安定になりやすい。

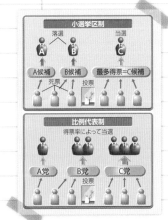

★ 小選挙区制と比例代表制

◆衆議院議員選挙…小選挙制と比例代表制を組み合わせた,
　　　　　　　　　〔　　　　　〕制を採用。

◆参議院議員選挙…選挙区選挙と比例代表制を採用。

|選挙区選挙| 1つまたは2つの都道府県を1つの選挙区と
し,各区から1回に1〜6人の代表者を選ぶ。

なぜ?
過疎・過密により人口
分布のかたよりがあ
り,有権者数と議員定
数の割合が選挙区に
よって違うため。

(4)選挙をめぐる問題

一票の格差…選挙区によって1票の価値が不平等である。

投票率の低下…若者を中心に選挙に行かない人が増加。

→　対策…期日前投票など。
　　　　投票日に行けない場合,前もって投票できる制度

なぜ?
政治への不信,無力
感,興味のうすれが
あるため。

2 世論と政党のしくみ
せ ろん
よ ろん

(1)国民の政治参加と世論

＿＿＿＿…政治や社会の問題に対する国民の意見のまとまり。
＿＿＿＿を通じて形成される。

└─ 新聞, テレビ, ラジオなど, 多数の人に大量の情報を届けるもの

問題点 マスメディアの情報の中には, 正しくない情報や偏っ
た情報もある。

→ マスメディアの情報をうのみにせず, 正しい情報を
選び, 活用する能力(メディアリテラシー)が必要。

> 人々は自分の意見をまとめる際, マスメディアを通じて得た情報を参考にする。また, マスメディアが世論調査を行うなど, 国民の意見を政治に反映させる上で大きな役割を果たしている。

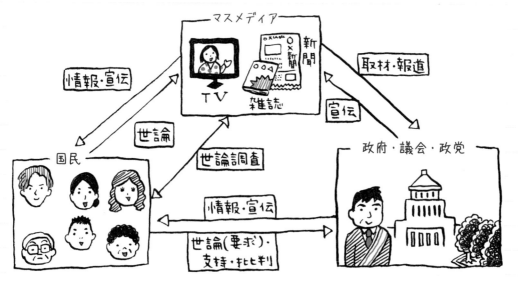

(2)政党の役割
せいとう　やくわり

＿＿＿＿…政治について同じ考えをもつ人が集まり, 政策を実
現するためにつくる団体。

● 役割…国民の意見や要望をまとめ, 政治に反映させる。
　　　　政治の情報を国民に提供する。

> 公約…政党や候補者が, 選挙のときに国民に対して行う政策などの約束。

● 活動…公約を示し, 具体的な数値目標などを明らかにした
　　　　　　　　　　　　　　　　　＿＿＿＿をつくり, 支持を集める。

> 政権公約(マニフェスト)…政党が政権を担当した場合に実施する政策について, 数値目標や期限, 財源などを明らかにした公約集。

↓　　選挙で多くの候補者を当選させる

議席を多く確保し, 政策の実現をめざす。

政党には、＿＿＿＿＿と野党がある。

◉ 与党…議会で多くの議席を占め、内閣を組織
し、政権を担当する。

◉ 野党…与党以外の政党。
　→ 内閣や与党の政策を批判したり、与党の行
動を監視したりする。

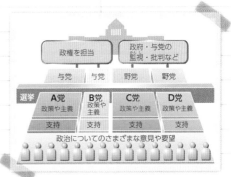

★ 政党と国民の関係

(3)政党政治とその問題点

国会が政党を中心に運営される政治を、＿＿＿＿＿という。

◉ 二党制…議会の議席の大部分を2大政党が占める。
　二大政党制ともいう。イギリスなど

◉ 多党制…議会の議席を3つ以上の政党が占める。

内閣は、政党を中心に組織される。

◉ 単独政権
…議会で第一党となった政党
だけでつくる場合。

◉ ＿＿＿＿＿（連立内閣）
…2つ以上の政党が協力して
政権を担当する場合。

政党の活動や選挙には、多額の資金が必要。
そのため、政治腐敗を生むこともある。
　→ 対策 政治献金を法律で厳しく制限している。

3 国会の地位，衆議院の優越

(1)国会の地位と二院制

国会とは？ ◀憲法第41条▶

◎国権の最高機関…国の最高の意思決定機関である。

◎唯一の＿＿＿＿＿＿機関…法律を制定するのは国会だけ。

◎国民の代表機関…選挙で選ばれた国会議員が議論をする。

日本の国会は＿＿＿＿院と参議院で構成＝＿＿＿＿＿＿制。

日本国憲法　第41条

国会は，国権の最高機関であって，国の唯一の立法機関である。

なぜ？

①衆議院の行き過ぎを参議院が抑制できる。
②2つの議院で審議することで，慎重に検討ができる。

衆議院と参議院の違い

✐下の〔　〕の中に言葉を入れましょう。

	衆議院	参議院
議員定数	465名 （小選挙区289人 比例代表176人）	248名※ （選挙区148人 比例代表100人）
任期	4年 任期が短い （〔　　　〕がある）	6年 解散がない （3年ごとに半数改選）
被選挙権	満〔　　〕歳以上	満〔　　〕歳以上

※2022年の参議院議員選挙から248名となる。

ゴロ

30日以内
解散されると
特別会

国会の種類と緊急集会

✐下の〔　〕の中に言葉を入れましょう。

	召集・会期・主要な議題
常会 （通常国会）	毎年〔　　〕回，1月中に召集。会期は150日。次年度の〔　　　　〕の議決が中心。
〔　　　　〕 （特別国会）	衆議院解散後の総選挙の日から〔　　〕日以内に召集。〔　　　　　　〕の指名の議決を行う。
臨時会 （臨時国会）	内閣か，どちらかの議院の総議員の〔　　　　〕以上の要求があったときに召集。
参議院の緊急集会	衆議院の解散中，内閣の求めで召集。

(2)衆議院の優越

参議院にくらべて, 衆議院は任期が＿＿＿く,＿＿＿もある。

→ 国民の意見をより反映しやすい。

衆議院のほうが強い権限があたえられている＝＿＿＿

> 衆議院の解散とは,
> 任期の前にすべての
> 衆議院議員の資格を
> 失わせること。
> →選挙が行われる。

|衆議院の優越|

◎ 法律案の議決

参議院が異なる議決をした場合…

→ 衆議院で出席議員の＿＿＿以上の賛成で再び可決

すれば法律となる。

◎ 予算の議決・条約の承認・内閣総理大臣の指名

◆参議院が異なる議決をした場合…

＊＿＿＿を開いても意見が一致しないとき

◆決められた期間内に参議院が議決しない場合…

→ 衆議院の議決が国会の議決となる。

> 両院協議会は, 衆議院
> と参議院の意見が一致
> しないときに, 調整を
> はかる機関。

◎ ＿＿＿の先議権…予算は, 必ず先に衆議院に提出する。

◎ 内閣信任・不信任の決議権…衆議院のみできる。

(3)衆議院の解散

衆議院は, 任期が満了する前に,＿＿＿によって議員全員が

資格を失うことがある。

> **なぜ?**
> 総選挙によって国民の
> 意思を問い, 国会に世
> 論を反映させるため。

|解散が行われる場合|

衆議院が内閣不信任案を可決 or 内閣信任案を否決したとき。

↓

＿＿＿日以内に内閣が総辞職しない場合, 衆議院を解散

しなければならない。

↓

衆議院の解散後＿＿＿日以内に衆議院議員総選挙が行わ

れ, 総選挙の日から＿＿＿日以内に特別会が召集される。

→ 内閣は総辞職, 新たな内閣総理大臣を指名する。

4 国会の仕事

(1)憲法で定められた国会の仕事

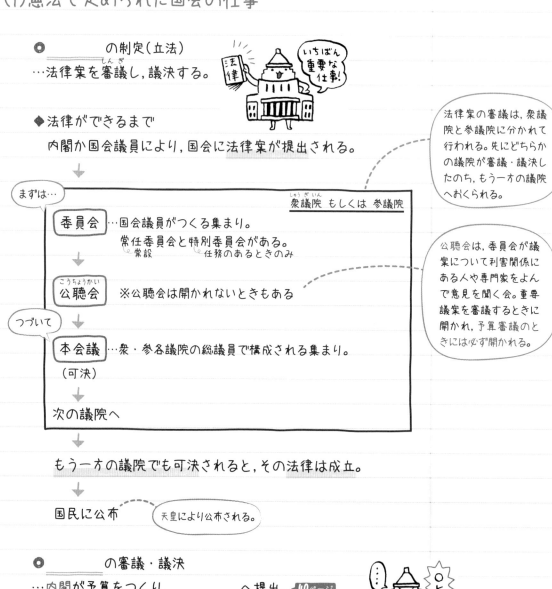

◎ _____ の制定（立法）

…法律案を審議し，議決する。

いちばん重要な仕事！

◆法律ができるまで

　内閣か国会議員により，国会に法律案が提出される。

まずは…

衆議院 もしくは 参議院

委員会 …国会議員がつくる集まり。
　　　　常任委員会と特別委員会がある。
　　　　　常設　　　　　任務のあるときのみ

公聴会　※公聴会は開かれないときもある

つづいて

本会議 …衆・参各議院の総議員で構成される集まり。
　（可決）

次の議院へ

法律案の審議は，衆議院と参議院に分かれて行われる。先にどちらかの議院が審議・議決したのち，もう一方の議院へおくられる。

公聴会は，委員会が議案について利害関係にある人や専門家をよんで意見を聞く会。重要議案を審議するときに開かれ，予算審議のときには必ず開かれる。

　もう一方の議院でも可決されると，その法律は成立。

　国民に公布　　天皇により公布される。

◎ _____ の審議・議決

…内閣が予算をつくり，_____ へ提出。49ページ

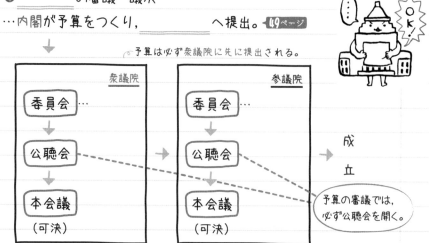

予算は必ず衆議院に先に提出される。

衆議院
委員会 …
公聴会
本会議
（可決）

参議院
委員会 …
公聴会
本会議
（可決）

成
立

予算の審議では，必ず公聴会を開く。

○ 　　　　改正の発議	○ 　　　　　　　　の指名
…各議院の総議員の3分の2以上の賛成で発議。	…国会議員の中から内閣総理大臣を指名。

○ 　　　　の承認	○ 　　　　　　　の設置
…内閣が外国と結んだ条約を承認する。	…訴えのあった裁判官をやめさせるかどうかを決める。

(2)各議院の権限

● 両議院に認められている権限

　　　　　　　　…国の政治がどのように行われているかを調べる権限。

● 衆議院だけに認められている権限

　…　　　　　の先議権,内閣信任・不信任の決議権。

(3)会議の原則

ゴロ

本会議　　総議員
本当においしそうな
3分の1
サンドイッチ

● 定足数…国会で表決をするために必要な議員の出席者数。

　◆ 本会議…総議員の3分の1以上。

　◆ 委員会…その委員会の委員の半数以上。

● 表決 ← 本会議や委員会で賛成・反対を決定すること

　◆ 一般表決…出席議員の過半数の賛成で可決。

　◆ 特別表決…憲法で決められている。

なぜ?

国会の動きを国民の監視下におくため。

● 会議公開の原則…傍聴や報道の自由,会議録の公開など。
　　　　　　　　　← 会議での話し合いをそばで聞くこと

5 内閣のしくみ
(1)内閣のしくみ

国会が定めた法律や予算に基づいて，実際に国の政治を行うことを行政という。

↓

　　　　　　は最高の行政機関。

内閣は，内閣総理大臣とその他の　　　　　　　　で構成される。

○ 　　　　　　　　（首相）

…国会議員であり，国会の指名に基づいて
　　　　　　が任命する。

◆ 　　　　　　　を任命，罷免する。
　ひめん　やめさせること

◆ 国務大臣を集めて　　　　　　を開く。
　　　　　　　　　　　内閣の方針を決める

○ 国務大臣

…内閣総理大臣が任命する。過半数は　　　　　　でなければならない。

→ 多くは各省庁の責任者となって，省庁内を指揮・監督する。
　　　　　　　　　　　　　　　　　　かんとく

> 与党の党首がなる
> ことが一般的。
> よとう　いっぱんてき

> 閣議には内閣総理大臣とすべての国務大臣が参加。議決は全会一致が原則。
> いっち

> 全員が国会議員でなくてもよい。

内閣ができるまで
① 内閣総理大臣は国会議員の中から指名される
え？わし？
パチパチパチパチ
② 指名された内閣総理大臣は…
さあ内閣をつくろう
③ 国務大臣を任命し内閣を組織
きみが〇〇大臣になってくれ

(2)議院内閣制

　　　　　　制とは…内閣が国会の信任の上に成立し，国会に連帯して責任を負うしくみ。

↓

日本は議院内閣制を採用している。

> 議員内閣制と書きまちがえないように注意！

日本の議院内閣制

● 内閣は　　　　　　　から誕生する。

…内閣総理大臣は国会議員の中から, 国会の議決で指名される。

…国務大臣の過半数は国会議員。

> 議院内閣制は, 18世紀のイギリスで確立した。現在, イギリスも議院内閣制をとっている。
> アメリカは大統領制。
> 60ページ

● 国会の信任の上に成立している。

…衆議院で,　　　　　　　　　　　　　が可決されれば, 内閣は衆

議院を解散するか, 総辞職する。

→ 内閣は国会に対して連帯責任を負っている。

> なぜ?
> 内閣は国会から生まれ, 国会の信任によって成り立っているため。

国会と内閣の関係

✐下の〔　〕の中に言葉を入れましょう。

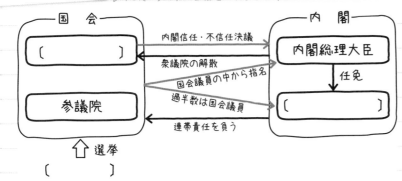

(3)内閣不信任の決議

衆議院で内閣不信任の決議が可決されると…

↓

10日以内に,

> 選挙で民意を問う!

衆議院解散　　or　　内閣総辞職　を内閣が決める。

↓

　　　　　を決定した場合は, 総選挙へ。

● 内閣が総辞職する場合

①内閣不信任案が衆議院で可決され, 内閣が10日以内に衆議
院を解散しないとき。

②衆議院議員の総選挙後, 最初の国会が召集されたとき。

③内閣総理大臣が死亡, 辞職などで欠けたとき。

6 内閣の仕事, 行政の課題

(1)憲法に定められた仕事

● 法律の執行
… ＿＿＿＿に従って政治を行う。

● ＿＿＿＿の作成
…予算をつくり, 国会に提出。

> 予算とは, 政府の1年間の収入と支出の見積もりのこと。

> 条約を結ぶ(締結する)のは内閣, 承認は国会なので, 混同しないようにしよう!

● 条約の締結
…外国との間の取り決めを結ぶ。

● ＿＿＿＿の制定
…内閣が憲法や法律の範囲内で制定する。

ゴロ

内閣の仕事

予算の作成	法律の執行
予	報は
政令の制定	条約の締結
正	常

● 天皇の国事行為への
＿＿＿＿と＿＿＿＿

● 最高裁判所長官の指名,
その他の裁判官の任命

> 最高裁判所長官は, 内閣が指名する。任命するのは天皇。
> 57ページ

(2)行政と国民生活

行政の仕事とは？

…国の安全保障, 治安の維持(いじ), 産業や経済の振興(しんこう),

　公共事業, 社会保障の充実(じゅうじつ), 教育・文化の向上など。

　　　　　↓

行政を進めるために, さまざまな行政機関が設けられている。

国のおもな行政機関

✐下の（　）の中に言葉を入れましょう。

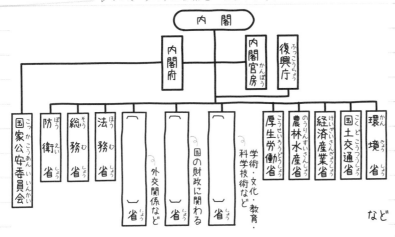

内　閣

内閣府　内閣官房(かんぼう)　復興庁(ふっこうちょう)

国家公安委員会(こっかこうあんいいんかい)　防衛省(ぼうえいしょう)　総務省(そうむしょう)　法務省(ほうむしょう)　（外交関係など）省(しょう)　（国の財政に関わる）省(しょう)　（学術・文化・教育・科学技術など）省(しょう)　厚生労働省(こうせいろうどうしょう)　農林水産省(のうりんすいさんしょう)　経済産業省(けいざいさんぎょうしょう)　国土交通省(こくどこうつうしょう)　環境省(かんきょうしょう)　など

◆大きな政府…国が社会保障や教育など, 幅広い(はばひろ)仕事を行う。

◆小さな政府…国が安全保障や治安維持など, 最低限度の仕

　　　　　　事を行う。

○行政改革

　行政の仕事が拡大して, さまざま弊害(へいがい)が出た。

　→ 行政の合理化・効率化をめざす＿＿＿＿＿＿が進めら

　　れている。

　例 省庁再編成, 規制緩和(きせいかんわ), 事業の民営化など

> 規制緩和の例
> ・コンビニでの薬の販売
> ・電力の小売り全面自由化
> ・民泊の解禁

(3)行政機関と公務員

> 警察官や公立中学校の先生も公務員だよ。

国や地方公共団体の公務に携わる(たずさ)人々を, ＿＿＿＿＿という。

　→ 国家公務員と地方公務員がある。

…憲法第15条は, 「すべて公務員は, 全体の奉仕者(ほうししゃ)であって, 一

部の奉仕者ではない。」と定めている。

7 司法権の独立と三審制

(1)司法権と裁判所

法律に基づいて争いごとを解決することを＿＿＿＿＿＿＿，
または司法という。

⬇

司法権は＿＿＿＿＿＿＿＿＿と下級裁判所だけがもつと，憲法で定
められている。

● 最高裁判所
> 最高裁判所は全国に1か所しかない。

　◆ 司法権の最高機関。

　◆ 日本で唯一の終審裁判所。
　　　㇗裁判の最終的な判断を下す裁判所

　◆ 最高裁判所長官と14人の最高裁判所裁判官で構成。

● 下級裁判所…最高裁判所以外の裁判所のこと。

★裁判所のしくみ

下級裁判所の種類

✎下の〔　〕の中に言葉を入れましょう。

種類	地位	数
〔　　　　　　　〕	最上位の下級裁判所 おもに第二審をあつかう	全国8か所
地方裁判所	おもに第一審をあつかう	全国50か所
家庭裁判所	家事事件や少年事件をあつかう	
簡易裁判所	軽い事件をすみやかに処理	全国438か所

(2)司法権の独立

> 裁判を公正に行うため。

司法権の独立…裁判所や裁判官が他の権力から，圧力や干渉を
受けないこと。

日本国憲法　第76条
③すべて裁判官は，その良心
に従ひ（い）独立してその職権
を行ひ（い），この憲法及び法
律にのみ拘束される。

裁判官は自己の良心に従い，憲法と法律のみに拘束される。 **憲法第76条**
→ 司法権の独立のためには，裁判官の身分の保障が必要。

●裁判官の身分の保障

　裁判官は次の場合以外の理由で<mark>やめさせられることはない。</mark>

①心身の故障…病気などのために仕事を続けられないと
　　　　　　　裁判で決定されたとき。

②公の弾劾…＿＿＿＿＿＿＿で罷免の宣告があったとき。
　　　　　　　　　　　　やめさせられること

③＿＿＿＿＿＿＿…最高裁判所の裁判官に対する信任投票。 39ページ

●裁判官の任命

　◆<mark>最高裁判所長官</mark>…＿＿＿＿＿が指名し，天皇が任命する。

　◆その他の裁判官…内閣が任命する。

(3)三審制

＿＿＿＿＿＿＿とは…判決に不服がある場合，
3回まで裁判を受けられるしくみ。
→ <mark>慎重に裁判を進めることで，誤りを防ぐ。</mark>

★三審制のしくみ

最 高 裁 判 所	
上告 上告 特別抗告	上告 抗告 特別抗告 上告
高等裁判所	高等裁判所
上告 控訴 抗告	控訴 抗告 控訴
地方裁判所　家庭裁判所	地方裁判所　家庭裁判所
控訴	
簡易裁判所	簡易裁判所
民事裁判	刑事裁判

民事裁判・刑事裁判によって，どこに控訴・上告するかが定められている。

有罪／無実なのに…！／上級の裁判所に控訴するぞ！

地方裁判所　控訴／有罪／無罪／よかった〜／高等裁判所　上告　最高裁判所

●控訴…第一審の判決が不服だったとき，上の裁判所に訴えること。
　◆民事裁判…すぐ上の裁判所に控訴する。
　◆刑事裁判…<mark>控訴はすべて高等裁判所に行う。</mark>

第一審の判決に対する不服の訴えが控訴，第二審に対する不服の訴えが上告。混同しないようにしよう！

●上告…第二審の判決が不服だったとき，上の裁判所に訴えること。
　→ 多くの場合，最高裁判所になる。

8 裁判の種類と人権の尊重

(1)裁判の種類

◎ ＿＿＿＿＿裁判…個人や企業の利害の対立, 権利・義務の争い
を解決するための裁判。

→ 民法や商法などから, どちらの言い分が正しいか判断する。

◆ 原告…裁判所に訴えた人。

◆ ＿＿＿＿＿…裁判所に訴えられた人。

→ 原告が被告を訴えることで始まる。

> 裁判には法律的な知識が必要になるので, 原告も被告も弁護士を訴訟代理人として依頼するのが普通。

＊国や地方公共団体を訴える行政裁判もある。

◎ ＿＿＿＿＿裁判…罪をおかしたと疑われる者に対して, 罪があるかどうか, どのくらいの罪にするかを決める。

警察官が逮捕した被疑者を, ＿＿＿＿＿が裁判所に
＿＿＿＿＿することで始まる。

→ 起訴された被疑者を＿＿＿＿＿という。

> 犯罪の事実の発見や, 被害者などからの訴えがあると, 警察官は犯人逮捕を目的とした捜査を行う。捜査の上で, 犯罪容疑が明らかと判断した場合, 検察官が起訴する。

(2)刑事裁判と人権の保障

刑事事件では, 捜査・逮捕の段階において, 人権を保障。

◎令状主義…裁判官の出す逮捕令状がなければ, 逮捕されない。現行犯は例外。

〈黙秘権〉

◎ ＿＿＿＿＿＿ の保障…被疑者は取り調べのときに, 自分に不利となる供述は強要されない。

◎拷問の禁止…自白を強要して暴行を加えられた場合, その自白は証拠にならない。

> 証拠主義…犯罪を証明する証拠がない場合, 自白のみでは有罪とされない。「疑わしきは罰せず」が原則。

(3)司法制度改革

司法を国民の身近なものにするため, ＿＿＿＿＿＿＿＿ が進められている。

2009年から実施

◎ ＿＿＿＿＿＿ の導入
…国民が, 刑事裁判に参加して
裁判官とともに被告人の有罪・無罪などの判断をする。

> なぜ？
> 国民の視点や感覚が裁判に反映されることで, より公平な裁判になることをめざすため。国民の司法に対する理解が深まり, 信頼が高まることを期待するため。

裁判員制度による裁判の手続き

✏下の〔 〕の中に言葉を入れましょう。

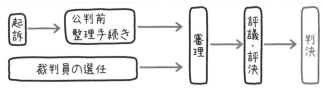

●裁判員は, 満20歳以上の国民の中から〔 　　　　　 〕で選ばれ, 原則として辞退できない。

●〔 　　　 〕裁判に参加し, 被告人が有罪か無罪か, また有罪の場合は科す刑を決める。

●参加する裁判は, 殺人など, 重大な犯罪事件の第一審が対象。

◎ その他…法科大学院や日本司法支援センター（法テラス）の設置など。

9 三権分立, 地方自治のしくみ

(1)三権分立のしくみ

三権分立の「三権」とは?

①立法権…法律を制定する権限。
→ _____ がもつ。　48ページ

②_____権…法律に従って政治を行う権限。
→ 内閣がもつ。　52ページ

③司法権…法律に従って社会の秩序を守る権限。
→ _____ がもつ。　56ページ
↓

国家権力を3つに分散して, 独立した機関に分担させ, お互いに
抑制させる=三権分立。

> **なぜ?**
> 権力の濫用を防ぎ, 国民の権利を守るため。18世紀,モンテスキューが唱えたのが始まり。　28ページ

三権分立には2つの形がある。

●大統領制 → アメリカなど。
　特色…厳格な三権分立。

●議院内閣制 → 日本やイギリスなど。
　特色…議会優位型の三権分立。
　→ 内閣は国会の信任により成立する。

★アメリカの大統領制

日本の三権分立のしくみ

✎下の〔　〕の中に言葉を入れましょう。

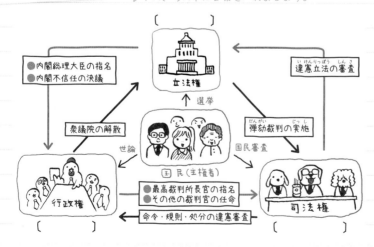

〔　　　　〕 立法権
↑ 選挙

●内閣総理大臣の指名
●内閣不信任の決議

違憲立法の審査

衆議院の解散

弾劾裁判の実施

世論　　国民審査

国 民（主権者）

●最高裁判所長官の指名
●その他の裁判官の任命

行政権 〔　　　　〕

命令・規則・処分の違憲審査

司法権 〔　　　　〕

◎＿＿＿＿＿＿＿＿（違憲立法審査権,法令審査権）

…国会でつくられた法律や,内閣が行った命令・規則・処分などが憲法に違反していないかを判断する権限。

　→ 最高裁判所は,＿＿＿＿＿＿＿＿とよばれる。

なぜ？
すべての裁判所に違憲審査権があるが,最高裁判所が最終的な決定権をもつから。

◎国民の役割は？

　→ 国会には＿＿＿＿で,内閣には＿＿＿＿で,裁判所には

39ページ→国民審査で,三権を監視している。

(2)地方自治のしくみ

★地方公共団体のしくみ

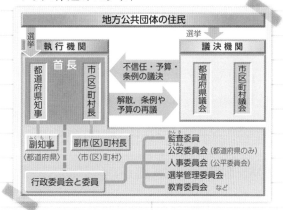

住民自らが自分たちのくらす地域の政治を行うことを,＿＿＿＿＿＿＿という。

　→ 住民が身近に民主主義を体験できることから「＿＿＿＿＿＿＿」とよばれる。

地方自治を行う都道府県や市(区)町村を＿＿＿＿＿という。　←地方自治体とも

◎地方議会　←地方議会は一院制

…＿＿＿＿＿の制定,予算の議決を行う。

◎執行機関

　＿＿＿＿＿…都道府県知事,市(区)町村長

補佐役…副知事,副市(区)町村長

条例とは,地方議会が法律の範囲内で定める,その地方公共団体のみに適用されるきまり。

首長と地方議会の議員は住民の直接選挙で選ばれるため,対等の関係。地方議会は首長の不信任の議決,首長は議会の解散権をもつ。

地方選挙の選挙権と被選挙権

✎下の〔 〕の中に言葉を入れましょう。

	選挙権	被選挙権	任期
議員	満18歳以上 直接選挙	満〔　〕歳以上	4年
首長	満18歳以上 直接選挙	市(区)町村長 満25歳以上	4年
		都道府県知事 満〔　〕歳以上	

知事だけ30歳,その他は25歳！

10 地方自治と住民の権利

(1)地方財政の歳入と歳出

地方財政とは,地方公共団体の経済活動。

＝地方公共団体の歳入と歳出のこと。
　　　　　　　収入のこと　　　支出のこと

> 地方公共団体は,住民の生活に密着したさまざまな仕事を行っている。土木や建設,水道やバス事業などの経営,また警察や消防の仕事,学校の運営など。

歳入の種類

✐下の〔　　〕の中に言葉を入れましょう。

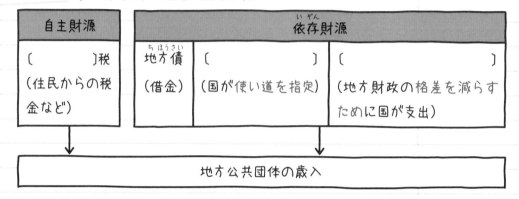

自主財源	依存財源		
〔　　　　　〕税 (住民からの税金など)	地方債 (借金)	〔　　　　　　〕 (国が使い道を指定)	〔　　　　　　　　〕 (地方財政の格差を減らすために国が支出)

↓　　　　　　　　　　↓

地方公共団体の歳入

(2)地方自治の課題

● 地方財政の健全化

地方税などの自主財源が少なく,国庫支出金や地方交付税交付金などの依存財源に頼る地方公共団体が多い。

市町村合併などによって,仕事の効率化と財源の安定をはかった。

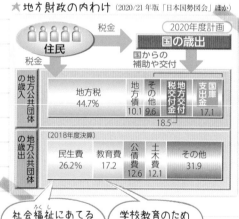

★地方財政の内わけ (2020/21年版「日本国勢図会」ほか)

2020年度計画

地方公共団体の歳入	地方税 44.7%	地方債 10.1	その他 9.6	税地方交付金 18.5	支国庫出金 17.1

[2018年度決算]

地方公共団体の歳出	民生費 26.2%	教育費 17.2	公債費 12.6	土木費 12.1	その他 31.9

> 社会福祉にあてる費用など。

> 学校教育のための費用など。

● 　　　　　　　　の推進

…国に集中している権限や財源を,地方公共団体へ移し,地方の政治の力を強める努力がされている。

> 地方分権を進めるため,1999年に地方分権一括法が制定された。

● 人口減少への対策

都市への人口流出により,人口が減少する地方公共団体が増加。

→ 子育て支援や雇用の創出などによって人口の流出を防ぐ。

(3)住民の権利

地方自治では,住民が直接政治に参加して意思表示できる。

↓

_____権や_____の権利が認められている。

◎直接請求…地域住民の一定数の署名をもって,首長や選挙管理委員会などに対して行う請求。

新しい条例をつくってほしい

直接請求の種類とその内容

✐下の〔　〕の中に言葉を入れましょう。

直接請求		法定署名数	請求先	請求の効果
〔　　　　　〕の制定・改廃の請求		有権者の〔　　　　　　　〕以上	首長	首長が地方議会に付議→結果公表
監査請求			監査委員	請求事項を監査→結果公表・報告
解職請求	首長・議員	有権者の〔　　　　　　　〕以上 ※有権数が40万人以下の場合	選挙管理委員会	〔　　　　　　　〕→過半数の同意があれば職を失う
	その他の役職員		首長	首長が地方議会に付議→3分の2以上出席→4分の3以上の同意で職を失う
議会の解散請求			選挙管理委員会	住民投票→過半数の同意があれば解散

人の地位や職を奪う請求の場合には,3分の1以上という,より厳しい条件がつけられている。

◎住民投票…地域の重要問題について,住民が直接賛否を示す投票。

(4)住民の参加

◎住民運動…新しい地域づくりへの取り組み,非営利組織(NPO)などによる自然環境保護や社会福祉に関するボランティア活動など。

確認テスト③

/100

●目標時間：３０分　●１００点満点　●答えは別冊 22 ページ

1 選挙と国会について，あとの各問いに答えなさい。

<(1)は3点×6，(2)は2点×2>

重要(1) 次の①〜⑤の（　　　）にあてはまる語句をそれぞれ答えなさい。

① 普通選挙・（　　　）選挙・平等選挙・直接選挙は，選挙の４原則である。

② 政権を担当している政党を（　**A**　），その他の政党を（　**B**　）という。

③ 日本国憲法で，国会は国権の最高機関で，唯一の（　　　）機関と定められている。

④ 憲法改正の発議に関しては，国会議員の発案によって，各議院の総議員の（　　　）以上の賛成によって発議する。

⑤ 裁判官が罷免の訴えを受けた場合，国会に（　　　）が設置される。

(2) 次の下線部 **a**・**b** が正しければ（　　　）に〇を書き，誤りがあれば正しい答えを書きなさい。

◇衆議院議員の任期は **a 4 年**（　　　）である。これに対して参議院議員の任期は **b 8 年**（　　　）である。

2 次の文を読んで，あとの各問いに答えなさい。

<4点×7>

内閣は①**内閣総理大臣**とその他の国務大臣で構成され，方針は構成員の会議である（　**a**　）で決められる。また内閣総理大臣と，国務大臣の過半数は，（　**b**　）でなければならない。また，②**わが国の内閣は，国会の信任の上に成立**しており，国会に対して連帯して責任を負っている。

内閣は最高の（　**c**　）機関として，法律の執行，予算の作成，外交関係の処理，（　**d**　）の制定，条約の締結など多くの仕事を行うほか，天皇の国事行為について助言と承認をあたえる，（　**e**　）を指名するなど，広い範囲の仕事を行っている。

(1) 文中の **a〜e** の（　）にあてはまる語句をそれぞれ答えなさい。

(2) **下線部①**の権限に属さないものを，次の**ア〜ウ**から１つ選びなさい。

ア 国務大臣の任免　**イ** 行政各部の指揮・監督　**ウ** 予算の議決　〔　　　〕

(3) 下線部②のようなしくみを何といいますか。 〔 　　　　　　 〕

3 裁判所について，あとの各問いに答えなさい。 ＜4点×7＞

(1) 次のA～Cの各文の（　　　）にあてはまる語句をそれぞれ答えなさい。

　A　裁判官は，自己の①（　　　）に従って独立して裁判を行い，②（　　　）と法律のみに拘束される。

　B　わが国では，裁判の慎重を期するために（　　　）制をとっている。

　C　犯罪の被告人を裁く裁判は①（　　　）裁判であり，被疑者を裁判所に起訴するのは②（　　　）である。

A①〔　　　　　　〕　②〔　　　　　　〕

B〔　　　　　　〕　C①〔　　　　　　〕　②〔　　　　　　〕

重要 (2) 法律などが憲法の規定に合っているかどうかを審査する，裁判所の権限を何といいますか。

〔　　　　　　 〕

(3) 刑事裁判での被疑者は，取り調べに際し，自分に不利となる供述は強要されません。この権利を何といいますか。

〔　　　　　　 〕

4 地方自治について，あとの各問いに答えなさい。 ＜(2)ア，イは5点×2，他は4点×3＞

(1) 各地方議会が定め，その地方公共団体のみに適用されるきまりを何といいますか。

〔　　　　　　 〕

(2) 次の下線部が正しければ（　　　）に○を書き，誤りがあれば正しい答えを書きなさい。

　ア　条例の制定　改廃の請求…その地域の有権者の①**50分の1**（　　　）以上の署名をもって②**首長**（　　　）に対して要求する。

　イ　首長および議員の解職請求…その地域の有権者の①**50分の1**（　　　）以上の署名をもって②**監査委員**（　　　）に対して要求する。

(3) 右のグラフを見て，次の各問いに答えなさい。

　① Aは自主財源です。この名称を答えなさい。

〔　　　　　　 〕

重要 ② Bは地方財政の格差是正のために国が支出するお金です。これを何といいますか。

〔　　　　　　 〕

その他
地方債
10.1
2020年度
91.7兆円
A
44.7%
B
18.5
国庫支出金
17.2

地方財政の歳入の内わけ
（2020/21年版「日本国勢図会」）

1 経済と家計, 消費者の権利

(1) 家計の収入と支出

└ 家庭での経済活動のこと

家庭では, 仕事について収入(＿＿＿＿)を得て, 税金を
納め, 食料など必要なものを買う(＿＿＿＿)などの経済
活動が行われている。

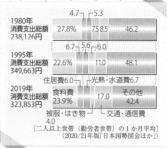

1980年 消費支出総額 238,126円	27.8%	75.85	46.2	4.7 ┐ ┌5.3
1995年 消費支出総額 349,663円	22.6%	11.0	48.1	6.7 ┐ 5.6 ┌6.0
2019年 消費支出総額 323,853円	23.9%	17.0	42.4	

住居費6.0 ─┐ ┌─光熱・水道費6.7
食料費
被服・はき物 ─┘ └─ 交通・通信費
4.0　　　　　　　　　その他

〔二人以上世帯（勤労者世帯）の1か月平均〕
（2020/21年版「日本国勢図会ほか」）

★ 消費の内わけの変化

◆ 交通・通信費の割合が
増えた。

● 収入(所得)の種類…給与収入, 事業収入, 財産収入

● 支出の種類

◆ ＿＿＿＿支出　　◆ 非消費支出　　◆ 貯蓄（ちょちく）

└ 生活に不可欠なもの　　└ 義務的なもの　　└ 将来に備える
　　　　　　　　　　　　　　　　　　　　　　　　ためのもの

交通・通信費
食料費
教養・娯楽費（ごらく）など

税金や
社会保険料など

残りは貯蓄

欲しがる量に対して,
財やサービスが不足し
ている状態を希少性と
いう。
例　金やダイヤモンドは
資源量が少ないが, 欲し
い人が多い
希少性が高い

家計と企業（きぎょう）・政府の間には, お金が仲立ちとなって,
もの(財)やサービスが流れている＝経済の循環（じゅんかん）。

サービスとは…
生活に必要な形のないも
の。医療（いりょう）・運輸・教育・美
容院でのカットなど。

(2) 経済の3つの主体

● ＿＿＿＿…消費の主体。労働力を提供。

● ＿＿＿＿…生産の主体。財やサービスを提供。70ページ

● ＿＿＿＿…財政を通じて経済活動を行う。

経済の循環

✎下の〔　〕の中に言葉を入れましょう。

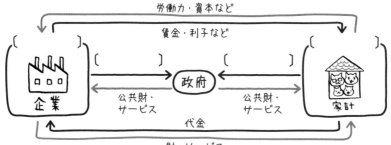

労働力・資本など

賃金・利子など

〔　〕　〔　〕　〔　〕

政府

公共財・　　　公共財・
サービス　　　サービス

代金

企業　　　　家計

財・サービス

→ 3主体が互いに（たがい）深く結びつきながら, お金・人・ものを動かしている。

(3) 消費者問題と消費者の権利

商品の購入(こうにゅう)などをめぐって 【 消費者問題が発生 】

　　　　　　　　　　　　〜誇大広告(こだい)や, キャッチセールスなどの悪質商法でのトラブル

↓

消費者主権の考えが広まる。

~消費者の4つの権利~

① ＿＿＿＿＿＿ を求める権利 〜安全である権利
② 知らされる権利 〜知る権利
③ ＿＿＿＿＿＿ 権利 〜 選択の機会の確保
④ 意見を反映させる権利 〜意見が反映される権利

> 消費者主権とは…
> 消費者が自分の意思と判断で商品を購入(こうにゅう)するという考え方。

> 経済における主権者は消費者なんです!

ケネディ大統領

消費者を保護するためにいろいろな対策が行われている。

↓

　　　〜頭を冷やして考え直すという意味
◎ ＿＿＿＿＿＿＿＿＿ 制度

…商品を購入したあと, 一定期間内であれば,
その契約(けいやく)を無条件で解約できる。

> 契約書面交付(けいやく)の日から, 訪問販売(ほうもんはんばい)は8日間, マルチ商法は20日間

◎ 消費者契約法の制定

…事業者の不当な勧誘(かんゆう)があった場合などに契約を取り消せる。

　　　　　　　〜消費者保護基本法を改正
◎ 消費者基本法の制定

…消費者を守るための企業と行政の責任を定める。

↓

消費者からの苦情・相談を受けつける機関を設置。

◆ 国民生活センターや消費生活センターの設置。
　　　　　　〜地方公共団体の機関

> 消費者には権利とともに責任もあることを忘れない。
> 買い物をするときには…
> ◆ 商品に関する情報を収集。
> ◆ 本当に必要なものかを考える。
> ◆ 契約を結ぶときは慎重(しんちょう)に。

◎ ＿＿＿＿＿＿＿ 法の制定

…製品の欠陥で消費者が被害(ひがい)を受けた場合, 企業に
過失(けっかん)がなくても, 被害の救済を求めることができる。

　　〜2009年に設置
◎ ＿＿＿＿＿ 庁の設置…消費者行政をまとめて取りあつかう。

2 流通，価格のはたらき

(1)流通のしくみ

　　　　　…商品が生産者から消費者に届くまでの流れ。

→ 流通にたずさわり，商品を売買する仕事を商業という。

◆卸売業（おろしうり）…生産者から商品を仕入れ，小売業者に売る。

◆小売業…卸売業者から仕入れた商品を消費者に売る。
　　　　　↳デパート，スーパーマーケット，コンビニエンスストアなど

近年，流通のしくみを簡単にして，流通にかかる費用を抑（おさ）える
流通の合理化が進められている。

例　直接仕入れ，インターネット・ショッピング，POS（ポス）システム

> ほかに流通関連の仕事として，運送業や倉庫業，広告業などがある。

商品が生産者から消費者に届くまで

✍下の〔 〕の中に言葉を入れましょう。

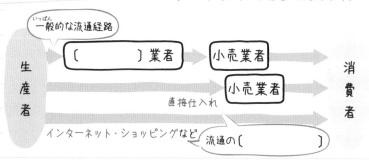

一般的（いっぱん）な流通経路

生産者 → 〔　　　　　〕業者 → 小売業者 → 消費者

生産者 → 小売業者 → 消費者
　　　直接仕入れ

生産者 → 消費者
インターネット・ショッピングなど　流通の〔　　　　　〕

(2)貨幣（かへい）の役割

商品を買うときに使うお金を　　　　　という。

●貨幣のはたらき

◆価値の尺度…商品の価値をはかる尺度（ものさし）。

◆交換（こうかん）の手段…商品の交換の仲立ちをする。

◆価値の保存…銀行に預けたりして価値を保存できる。

紙幣　硬貨

●支払（しはら）い方法の多様化

◆クレジットカード…商品の代金をカード発行会社が支払
　　　　　　　い，後日，消費者に請求（せいきゅう）するしくみ。

◆　　　　　…貨幣価値をもたせたデジタルデータ。
　↳ICカードや携帯（けいたい）電話などで支払う

> クレジットカードや電子マネーは，お金を使いすぎてしまうおそれも。収入と支出のバランスを考える必要がある。

(3) 市場経済と価格のはたらき

_{商品が売り買いされる場}
市場で自由に商品の売り買いが行われ、

価格が決定される経済のしくみを　　　　　　　　という。

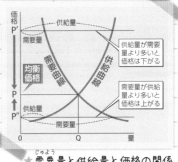

★ 需要量と供給量と価格の関係

◎_{商品が売り買いされるときの価格}
　　　　　　　は需要量と供給量の関係で決まる。

　◆　　　　　量…消費者が買おうとする量。

　◆　　　　　量…生産者が売ろうとする量。

　→ 2つのつり合いがとれたときの価格を　　　　　　という。

価格の変化のしくみ

✏下の〔　〕の中に言葉を入れましょう。

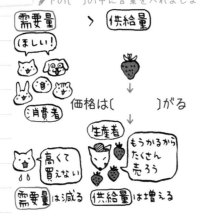

◎特別な価格

　◆　　　　　　　…一つの<ruby>企業<rt>きぎょう</rt></ruby>が一方的に決める価格。

　◆　　　　　　　…国民の生活にかかわりの深い, 鉄道やバス

　の運賃, 電気・ガス・水道料金などの価格。

> 消費者の不利益になる
> ことが多いので, 独占禁
> 止法が<ruby>制定<rt>せいてい</rt></ruby>され, 違反が
> ないか, 公正取引委員会
> が<ruby>監視<rt>かんし</rt></ruby>している。
> 71ページ

(4) 物価とインフレ

_{いろいろな商品やサービスの価格をまとめて平均化したもの}

◎　　　　　　　

　…物価が<ruby>継続的<rt>けいぞくてき</rt></ruby>に上がること。

　→ <ruby>貨幣<rt>かへい</rt></ruby>の価値が下がる。

◎　　　　　　　　　　…物価が継続的に下がること。

　→ 貨幣の価値が上がり, 企業の<ruby>倒産<rt>とうさん</rt></ruby>が増える。

　→ デフレが繰り返されることをデフレスパイラルという。

> 国や地方公共団体が
> 決定したり認可した
> りする。

> なぜ？
> 商品の価格が下がるので
> <ruby>企業<rt>きぎょう</rt></ruby>の利益が減少する
> から。失業者も増える。

3 生産，株式会社，中小企業（きぎょう）

(1)生産のしくみ

　　　　　は，専門的・組織的に生産を行っている。
　　　　　　　　　　　└ 財（もの）やサービスをつくりだすこと

● 企業の種類 └ 公共の利益を目的とする
　◆　　　　　…国や地方公共団体などが経営する。
　　　→ 水道局，都営バス，公立病院など。
　◆　　　　　…利潤（りじゅん）を目的に民間が経営する。
　　　→ ものをつくる企業，ものを売る企業など。
　　　　　└ 工場など　　　　　　　└ コンビニなど

● 株式会社のしくみ
　　　└ 代表的な法人企業

　◆ 株式会社は，　　　　を発行して資金を集め，
　　その資金を資本として生産や販売（はんばい）などを行う会社。
　　　　　　└ 利潤を生みだすもととなる資金を資本という

　◆ 株式を買った人（出資者）を株主といい，
　　もっている株式数に応じて　　　　を受ける。
　　　　　　　　　　└ 利潤の分配

　⇔ 会社が倒産（とうさん）すると，株主は出資額の範囲（はんい）内で損失を負担。
　　　　　　　　　　　　　└ 有限責任という

　◆　　　　　…株式会社の最高の議決機関。
　　　→ 役員の選出や経営方針などに関する議決を行う。

> ほかに，運送業などのサービスを売る企業（ぎょう）もある。

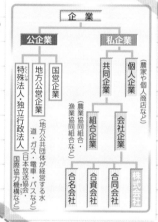

★ 企業の種類

> 一定の条件を満たした企業の株式は，証券取引所などで自由に売買され，株主は，いつでも株式を売買できる。

株式会社の生産のしくみ

✐下の〔　〕の中に言葉を入れましょう。

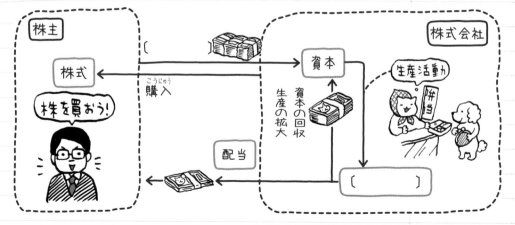

株主　　　　　　　　　　　　　　　　株式会社
〔　　〕
株式 ←　　購入（こうにゅう）　　→ 資本　　生産活動
株を買おう！　　　　　　資本の回収　生産の拡大
配当 ←　　　　　　　　　　　　　〔　　　　〕

(2) 企業の競争と独占

● 企業どうしは, 市場で　　　　　　しあっている。

→ ライバルに勝つため, より良い商品をより安く提供す
　　ることをめざす。

　　　→ 企業間の競争は, ＿＿＿＿＿＿にとって利益になる。

> 競争がなくなるのは…
> ◆競争に勝つために企業どうしが合併する。
> ◆競争に敗れた企業が撤退し, 強い企業が残るなどの場合。

● 競争がなくなると…　　　　　　　　　　　寡占という

→ ある産業にかかわる企業が1つまたは, 少数で独占！

　　→ 生産の集中 → 消費者にとって不利益になる。

> なぜ？
> 企業はより良い商品の開発や, 値下げをしなくなるから。
> →さらに…
> 企業どうしが, 不当に高い価格を決めるための協定 (カルテル) を結ぶこともある。

● 企業間の自由競争をうながし, 消費者の利益を守るため,

独占禁止法を定め, ＿＿＿＿＿＿＿が監視。69ページ

└ 国の行政機関

(3) 中小企業の役割と課題

企業には大企業と, ＿＿＿＿＿＿＿がある。

　　　　　　全事業所数の約99%を占める！

> 従業員300人以下, または資本金3億円以下の企業 (製造業の場合) のこと。

● 中小企業の従業員数は約7割, 出荷額は約5割しかない。

→ 大企業にくらべて, 利潤が少なく賃金が安い。

→ ＿＿＿＿＿＿が低い。　　　労働条件が悪い

└ 設備などが劣るため

● 大企業の下請けが多い。

→ 不況になると受注が減り, 倒産が増える。

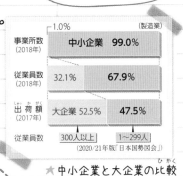

★ 中小企業と大企業の比較

● 独自の技術やアイディアをいかした企業である

＿＿＿＿＿＿＿もある。

└ 技術面で世界的に評価されている企業も多い

> どれだけ効率よく生産しているかを「生産性」という。労働者1人当たりの生産量などで表す。

(4) 企業の社会的責任

● 現代の企業は, 利潤を求めることと同じくらい,

＿＿＿＿＿＿＿を重視することが求められる。

└ 企業による地域社会や環境などに配慮した活動などのこと

例　木材をあつかう企業による, 植林事業。

4 金融, 円高・円安
きんゆう

(1) 金融のしくみとはたらき

お金(資金)の余裕のあるところと, 不足しているところ
よゆう
の間で行われるお金の貸し借りを＿＿＿＿という。

　→ その仲立ちをするのが金融機関である。
　　　　　　　　　　　　　　　└ 代表は銀行

直接金融	企業などが株式や債券を発行し, 企業や家計から直接お金を調達すること。
間接金融	銀行などの金融機関を通して, 借り手と貸し手が間接的にお金をやり取りすること。

◎銀行のおもな仕事

　◆預金…企業や家計からお金を預かり, 利子を払う。
　　　きよ　　　　　　　　　　　　　　　　　　　　　はら

　◆貸し出し(融資)…預かったお金を企業や家計に貸
　　　　　　　　　　　し出して, 利子を受け取る。

　◆為替…離れた人どうしの資金のやり取りを仲立ちして, 手
　　かわせ
　　　数料をとる。
　　　└ クレジットカードの口座振替など
　　　　　　　　　　　ふりかえ

> 銀行は, 預金者に支払う利子より, 貸し出すときの利子を高くして, その差額を利潤としている。
> りじゅん

(2) 日本銀行の役割

　　　　　＿＿＿＿＿＿は, 日本の中央銀行。

　　　…政府(国)や銀行とだけ取り引きする。

> 個人や一般企業とは取り引きしない。
> いっぱんきぎょう

日本銀行の役割

✏下の〔　〕の中に言葉を入れましょう。

〔　　　　〕銀行　　　〔　　　　〕の銀行　　　〔　　　　〕の銀行

紙幣(日本銀行券)を
しへい
発行している。

税金など
政府のお金の出し
入れの管理をする。

一般の銀行と
貸し出しや預金の
受け入れを行う。

◎＿＿＿＿＿＿とは, 日本銀行が物価や景気を安定させるため
に, 世の中に出回るお金の量を調整する政策。
　　　└ 通貨量という

　　　　└ オペレーションともいう
◆＿＿＿＿＿＿…金融政策の中心。

　→ 日本銀行が一般の銀行との間で, 国債や手形を売買す
　　　　　　　　　　　　　　　　　こくさい
　　ることで通貨量を調整し, 景気の安定をはかる。

> ゴロ
> 日本銀行の役割は…
> 　　　　　　金融政策　　発券銀行
> 　政府の銀行　　　　銀行の銀行
> 政府が　金　銀　発見

公開市場操作のしくみ
✎下の〔 〕の中に言葉を入れましょう。

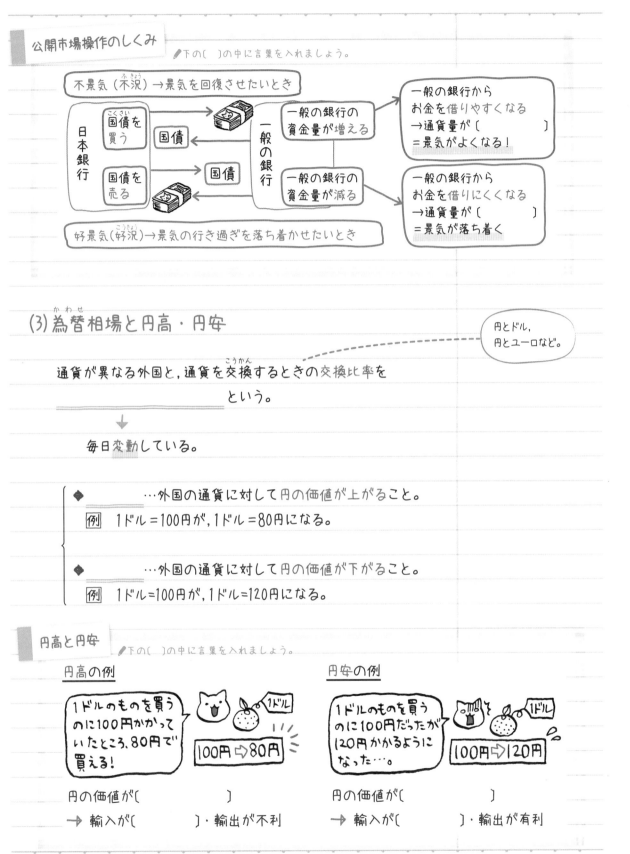

不景気（不況）→景気を回復させたいとき

日本銀行 国債を買う 国債 一般の銀行 一般の銀行の資金量が増える → 一般の銀行からお金を借りやすくなる →通貨量が〔　　　〕 =景気がよくなる！

日本銀行 国債を売る 国債 一般の銀行の資金量が減る → 一般の銀行からお金を借りにくくなる →通貨量が〔　　　〕 =景気が落ち着く

好景気（好況）→景気の行き過ぎを落ち着かせたいとき

(3) 為替相場と円高・円安

円とドル、円とユーロなど。

通貨が異なる外国と，通貨を交換するときの交換比率を　　　　　　　という。

↓

毎日変動している。

◆　　　…外国の通貨に対して円の価値が上がること。
例　1ドル=100円が，1ドル=80円になる。

◆　　　…外国の通貨に対して円の価値が下がること。
例　1ドル=100円が，1ドル=120円になる。

円高と円安
✎下の〔 〕の中に言葉を入れましょう。

円高の例

1ドルのものを買うのに100円かかっていたところ、80円で買える！
100円⇨80円

円の価値が〔　　　〕
→ 輸入が〔　　　〕・輸出が不利

円安の例

1ドルのものを買うのに100円だったが120円かかるようになった…。
100円⇨120円

円の価値が〔　　　〕
→ 輸入が〔　　　〕・輸出が有利

73

5 労働者の権利, 労働環境

(1)働くことの意味, 権利と義務

◎働くことの意味とは…
（労働, または, 勤労）

◆＿＿＿＿＿＿を得る…生活するため。（生計の維持）　（自己実現の手段）

◆生きがいや充実感を得る…個性や能力を発揮する。

◆社会に貢献する…社会に必要な仕事を受けもつ。

◎労働者の権利

労働者は経営者に対して弱い立場にある。

→ 労働者の権利を保障するために, 3つの法律を制定。

◆＿＿＿＿＿＿…労働条件(賃金や労働時間など)の最低
基準を規定。

◆労働組合法…労働組合を結成する権利を保障。

◆労働関係調整法…労働者と経営者の対立を予防・調整。

日本国憲法　第27条

勤労の権利及び義務
①すべて国民は, 勤労の権利を有し, 義務を負ふ(う)。

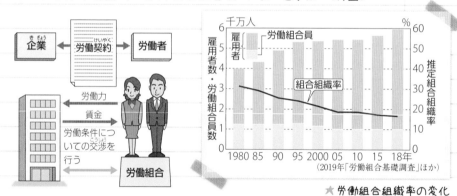

★労働組合組織率の変化
(2019年「労働組合基礎調査」ほか)

労働基準法のおもな内容

労働条件	労働者と使用者は対等な立場で労働条件を決める。
賃金	男女の賃金は同一。
労働時間	週40時間以内, 1日8時間以内。
休日	少なくとも1週間に1日。
最低年齢	15歳未満の児童を雇ってはならない。
出産・育児	産前は6週間, 産後は8週間の休業を保障。

(2) 雇用と労働条件の変化

● これまでの働く環境は…

◆ 終身雇用

…就職したら, 同じ企業で
定年退職まで働く。

◆ 年功序列賃金

…年齢や勤続年数に応じ
て, 賃金が上がる。

崩壊

> 人材派遣の企業と雇用
> 関係を結び, ほかの企
> 業に派遣されて働く人
> のこと。

能力主義や成果主義を導入する企業が増加。

● 現在の雇用状況

正規雇用の労働者

◆ 正社員(正規労働者)が減り, アルバイトやパート, 派遣労働
者, 契約労働者など＿＿＿＿＿労働者が増えた。

→ 同じ仕事をしても正社員にくらべ賃金は低く, 解雇さ
れやすい。

◆ 外国人労働者が増えた。

	正規労働者	パート・アルバイト	その他
2005年 計5008万人	67.4%	22.4	
2010年 計5138万人	65.7%	23.3	
2015年 計5303万人	62.5%	25.8	
2019年 計5660万人	61.7%	26.8	

(2020/21年版「日本国勢図会」)

★ 雇用形態の内訳の変化

(3) 労働問題と対策

● 長時間労働による過労死や過労による自殺などの増加

→ 仕事と生活を両立する＿＿＿＿＿の
実現に取り組む。

● 正社員と非正規労働者に対する, 待遇格差がある。

→ 同一労働・同一賃金の実現をめざす法律を整備。

● 子育てや介護のために離職する人が多い。

→ 男女性別を問わず, 育児休暇や介護休暇をとれるよう
に＿＿＿＿＿を制定。21ページ

> 日本の女性は, 出産や
> 子育てをする30代で,
> 働く割合が減少して
> いる。

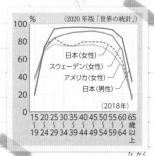

(2020年版「世界の統計」)

日本(女性)
スウェーデン(女性)
アメリカ(女性)
日本(男性)

(2018年)

15 20 25 30 35 40 45 50 55 60 65
〜 〜 〜 〜 〜 〜 〜 〜 〜 〜 歳
19 24 29 34 39 44 49 54 59 64 以上

★ 年代別就業者割合の比較

6 財政と景気

(1)財政の役割

国や地方公共団体の経済活動を　　　　　という。
　◉家計や企業から集めた税金(租税)などをもとに,
　　社会に必要な支出にあてている。

　◉収入を　　　　　,支出を　　　　　という。

> 道路や空港,橋,公園
> などの整備,警察や消
> 防,教育などの公共サー
> ビスの提供,社会保障
> の費用など。

なぜ？

> 規模が大きすぎたり,利潤
> を求められないので,民間
> の企業には提供しにくいも
> のだから。

(2)歳出と歳入

　◉国のおもな歳出
　　◆　　　　　　　関係費…国民の生活を保障するための
　　生活保護や社会福祉,社会保険にかかる費用など。

　　◆　　　　　費…国債の元金・利子を支払うための費用。
　　…歳入の不足を補うために民間からした借金である
　　国債の返済のための費用。
　　　⌐ 国の借金は国債,地方公共団体の借金は地方債

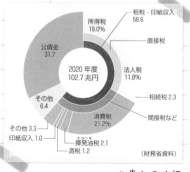

防衛関係費 5.2
文教及び科学振興費 5.4
公共事業関係費 6.7
その他
社会保障関係費 34.9%
2020年度 102.7兆円
地方交付税交付金 15.2
国債費 22.7
(財務省資料)

★ 歳出の内訳

　　◆　　　　　　　交付金…地方公共団体に交付される費用。
　　　　　地方公共団体間の財政格差を調整するため

　◉歳出の特徴
　　もっとも多くの割合を占めているのは　　　　　　　　。
　　→ 近年,その割合は増えている。78ページ

なぜ？

> 高齢社会になってとく
> にお年寄りの生活を守
> るための費用が増えて
> いるから。

　◉国のおもな歳入
　　◆　　　　　税…個人の所得(収入)にかかる税。
　　◆　　　　　税…財やサービスを購入したときに
　　　　　　かかる税。
　　◆　　　　　金…国債の発行による借入金。

所得税 19.0%
公債金 31.7
2020年度 102.7兆円
その他 6.4
その他 3.3
印紙収入 1.0
酒税 1.2
揮発油税 2.1
消費税 21.2%
租税・印紙収入 58.6
直接税
法人税 11.8%
相続税 2.3
間接税など
(財務省資料)

　◉歳入の特徴
　　租税(税金)が多くを占め,近年,公債金の割合が増加。
　　…公債金は国債を発行して民間から借りた資金。
　　　→ 公債金の増加が財政を圧迫している。

★ 歳入の内訳

(3)租税(税金)の種類

		直接税	間接税
国税		所得税 法人税 相続税 　　　　など	消費税 関税 揮発油税 酒税 たばこ税　など
地方税	都道府県	道府県民税 (都民税) 自動車税 事業税	地方消費税 ゴルフ場利用税 道府県たばこ税 (都たばこ税)
	市町村	市(区)町村民税 鉱産税 固定資産税	市(区)町村たばこ税 入湯税

★ 租税の種類

◉ 納め方(納税方法)の違い

◆ ＿＿＿＿＿…税金を納める人と負担する人が同じ。

→ 所得税 など。

〔 税を負担する人 〕 ――――〈納税〉―――→ 〔国〕

◆ ＿＿＿＿＿…税金を納める人と負担する人が異なる。

→ 消費税 など。

〔 税を負担する人 〕〈代金〉→〔お店の人〕〈納税〉→〔国〕

◉ 納める先の違い

◆ 国税…国に納める。　→ 所得税・法人税・相続税 など。

◆ ＿＿＿＿＿…都道府県や市(区)町村に納める。

→ 住民税 など。

◉ ＿＿＿＿＿…所得が高い人ほど所得に占める税金の

割合が高くなるしくみ。→ 所得税・相続税 など。

なぜ？

収入が多い人の税負担を重くすることで,所得の格差を調整している。
税率が一定の消費税は,低所得者ほど負担が重くなる(逆進性)の問題がある。

(4)景気変動と財政政策

好景気と不景気が繰り返す

◉ 資本主義経済の下では,＿＿＿＿＿(景気の循環)が起こる。

好景気にはインフレーション(インフレ)が,不景気にはデフレーション(デフレ)が起こりやすい。
69ページ

景気変動の波

🖋下の〔 〕の中に言葉を入れましょう。

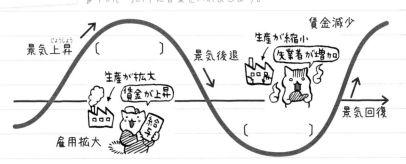

景気上昇〔 〕　景気後退　　賃金減少
生産が拡大　生産が縮小　失業者が増加
賃金が上昇
雇用拡大　　　　　　　　景気回復

好景気のときは経済活動を抑え,不景気のときは経済活動を活発にしようとする。

◉ 国(政府)は景気の安定化のために財政政策を行う。

好景気のとき　→ ＿＿＿＿＿を減らす,増税をする。

不景気のとき　→ 公共事業を増やす,＿＿＿＿＿をする。

7 社会保障

(1)社会保障の役割と種類

社会保障制度とは? 　　　　　↪仕事を失うこと→収入がなくなる

　…高齢や病気・けが・失業などで,個人の努力だけでは生活

　が困難になったとき,国が国民の生活を保障するしくみ。

（生存権）
①すべて国民は,健康で文化的な最低限度の生活を営む権利を有する。

●日本国憲法第25条の＿＿＿＿＿＿＿の規定に基づいて整備された。

→ 生存権とは…
憲法第25条
「健康で＿＿＿＿＿＿な
　　　　　の生活を営む権利」

日本の社会保障制度は,4つの柱で構成されている。

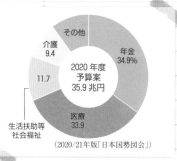
（2020/21年版「日本国勢図会」）
★社会保障関係費の配分割合

①社会保険　②公的扶助　③社会福祉　④公衆衛生

①＿＿＿＿＿＿…加入者がふだんから掛け金を積み立てておき,高齢・傷病(病気やけが)・失業などの場合に一定の＿＿＿＿＿＿＿の給付を受け取る。

社会保険の種類
✎下の〔　〕に言葉を入れましょう。

社会保険の種類	保険金の給付やサービスを受けられる場合
医療保険(健康保険)	病気やけがのとき
〔　　　〕保険	おもに老後の生活を保障
雇用保険	失業したとき
〔　　　〕保険	介護が必要になったとき
労災保険(労働者災害補償保険)	仕事が原因でけが・病気・死亡したとき

介護保険は40歳以上の人が加入して保険料を払うの。
介護が必要になった人が,一定の介護サービスを受けられるわ。

② _____

…収入が少なく,生活の苦しい人に
生活費などを援助する。

→　　　　　　　　　法に基づく。

生活・医療・住宅・
教育などの面で援
助する。

③ _____

…高齢者,障がいのある人,児童な
ど,働くことが困難な人々を保護・
援助する。

→ 児童福祉,障がい者福祉,母子・父子福祉など。

④ _____

…病気の予防,環境の整備など,国民
全体の健康を増進するための対策。
→ 感染症対策,廃棄物処理,公害対策など。

〜予防接種〜

(2)日本の社会保障制度の課題

医療の発達などにより,平均寿命が急速にのびて,
　　　　　化が進んでいる。○人口に占める高齢者の割合が
　　　　　　　　　　　　　　　　高くなること

→ 年金と医療の給付が増えている。

一方,生まれてくる子どもの数が減る_____化も進
んでいる。

↓

働く世代の負担する　　　　　の費用が増加していることが
問題になっている。21 ページ

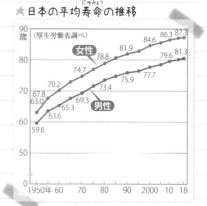

★日本の平均寿命の推移

90歳 (厚生労働省調べ)
女性
男性

2020 年代の間には,
総人口の約 30％が,
65 歳以上になるとい
われている。

(3)諸外国のようす

●高福祉高負担の国→ スウェーデン　など
　…社会保障の給付の多い国では国民の負担も多い。
●低福祉低負担の国→ アメリカ　など

日本は国民所得にくらべ
て,社会保障の給付が,
諸外国より少なくなって
いる。

8 公害と循環型社会

(1)公害問題

> 19世紀末に問題化した足尾銅山鉱毒事件が日本最初の公害問題といわれている。

_____…企業の生産活動や人々の日常生活が行われる
過程で, 人々の健康や自然環境におよぼされる害のこと。

◉ _____…工場の排煙や自動車の排気ガスなどによる汚染。

◉騒音…飛行機や自動車, 工場などによる騒音。

◉水質汚濁…川や湖の水が汚れること。
　　1950年代半ばから1970年代前半, 日本が急速に
　　経済発展をとげた
　　　　　　　　の時期に日本各地で公害が発生。

（2020/21年版「日本国勢図会」）

★公害の苦情件数の割合

（円グラフ）
その他 19.0／騒音 23.4%／水質汚濁 8.7／全国計 6万6803件 2018年度／大気汚染 21.7／廃棄物投棄 12.9／悪臭 14.3

→ 企業が利益を優先して, 公害防止のための投資
　を行わなかった。
→ 国が産業の発展を優先して,公害防止対策を行わなかった。

{四大公害病の発生}

> これは, 産業によって引き起こされた公害病。現在は, 都市生活にともなって引き起こされる公害が多くなっている。

1960年代に裁判が起こされ, すべて患者側が勝訴。

四大公害病

✏下の〔 〕に言葉を入れましょう。

> 重化学工業の工場や鉱山から, 有害物質がそのまま, 川や海や大気中に排出された。

公害病名	地域	原因
水俣病	熊本県・鹿児島県 八代海沿岸	水銀などによる 〔　　　　〕
〔　　　　〕	富山県 神通川流域	カドミウムによる 水質汚濁
四日市ぜんそく	三重県 四日市市	亜硫酸ガスによる 〔　　　　〕
新潟水俣病	新潟県 阿賀野川流域	水銀などによる 水質汚濁

(2)公害防止対策と環境保全

1967年制定

◎公害対策基本法…公害について企業の責任などを定める。

→ 1971年に　　　　　　を設置。

現在の環境省

公害対策を求める住民運動が各地で起こっていた。

◎汚染者負担の原則(PPP)の確立

→ 公害による被害者救済の費用や公害防止のための費用は,公害を発生させた企業が負担する。

公害対策基本法を発展させた

◎1993年,　　　　　　　　　　の制定

→ 公害のほか,国際的な環境問題にも取り組むために制定。

なぜ?
環境への被害を未然に防ぐため。

環境影響評価

◎　　　　　　　　　　　法の制定　40ページ

→ 開発を始める前に,地域の環境への影響を調査する。

(3)循環型社会をめざして

循環型社会…大量生産・大量消費・大量廃棄を見直し,ごみを資源として再利用する,できるだけ環境に負担のかからない社会。

取り組み

◎循環型社会形成推進基本法の制定(2000年)。

◎　　　　　　　の推進。

ものを再生利用する

◎　　　　　を行う…リデュース,リユース,リサイクル。

ごみを減らす　　　　　　ものを再使用する

容器包装リサイクル法,家電リサイクル法,食品リサイクル法など,リサイクルのための法律がつくられた!

3R (3つのR)

✎下の〔　〕の中に言葉を入れましょう。

〔　　　　　　　〕　　〔　　　　　　　　　〕　　〔　　　　　　　　　〕

(Reduce)　　　　　　(Reuse)　　　　　　(Recycle)　　→3R

〈フリーマーケット〉

確認テスト④

●目標時間：30分　●100点満点　●答えは別冊22ページ

/100

1 次の文を読んで，あとの各問いに答えなさい。

＜5点×13＞

　国民経済は，家庭の経済活動である（　Ａ　）による**a労働力**の提供，**b企業**による財やサービスの生産，政府の財政政策などから成り立っている。**c財やサービスを交換する際**の仲立ちとなるのが**d通貨**で，通貨を（　Ａ　）や企業の間で貸したり借りたりすることを（　Ｂ　）という。銀行は，（　Ｂ　）機関の代表的なものである。

(1) 文中の（　Ａ　）・（　Ｂ　）にあてはまる語句を書きなさい。

Ａ〔　　　　　　　　　　　　〕　Ｂ〔　　　　　　　　　　　　〕

重要 (2) **下線部a**について，次の各問いに答えなさい。

① 労働者の賃金や労働時間の最低基準を定めた法律を何といいますか。

〔　　　　　　　　　　　　　　　　　　〕

② 右のグラフは，正規労働者と，派遣労働者やパートタイマーなどの非正規労働者が全雇用者に占める割合の変化を表しています。正規労働者の割合は，**ア・イ**のうちどちらですか。

〔　　　　　　　　　　　〕

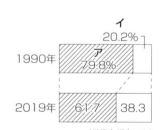

（労働力調査ほか）

(3) **下線部b**について，次の各問いに答えなさい。

① 企業のうち，必要とする資金を小さな額面に分け，多くの人から大量に資金を集める形態を何といいますか。

〔　　　　　　　　　　　　　　　　　　〕

② 企業が販売する製品によって消費者が被害を受けた場合，企業に過失がなくても被害を救済することを義務づけた法律を何といいますか。

〔　　　　　　　　　　　　　　　　　　〕

(4) **下線部c**に関して，財やサービスを交換する際の，需要量・供給量と価格の関係について表した右のグラフを見て，次の各問いに答えなさい。

① 次の文の（　あ　）・（　い　）にあてはまる文を，右のページの**ア〜エ**からそれぞれ選びなさい。

重要 ◇価格がXの場合は（　あ　），価格がYの場合は（　い　）。

あ〔　　　　　　　　　〕　い〔　　　　　　　　　〕

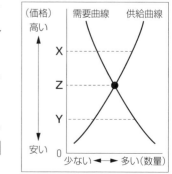

ア　品不足になるため，価格は上がる　　　イ　品不足になるため，価格は下がる

　　ウ　売れ残りが出るため，価格は上がる　　エ　売れ残りが出るため，価格は下がる

　② Ｚのときの価格を，市場価格の中でも特に何といいますか。〔　　　　　　　　　〕

(5)　**下線部 d** に関して，通貨のうち紙幣を発行している日本銀行について，次の各問いに答え
なさい。

　①　日本銀行の役割は，紙幣を発行する発券銀行のほかに何がありますか。「□□□の銀行」と
いう形で２つ答えなさい。〔　　　　　　　　　〕〔　　　　　　　　　〕

重要 ②　景気が悪いときに日本銀行がとる政策として正しいものを，次の**ア〜エ**から１つ選びな
さい。〔　　　　〕

　　ア　国債などを売る　　イ　国債などを買う　　ウ　税を増やす　　エ　税を減らす

(6)　**下線部 d** に関して，日本と外国の通貨を交換する際の比率は日々変動しています。１ドル
＝100 円から１ドル＝110 円になることを何といいますか。〔　　　　　　　　　〕

2 次の文を読んで，あとの各問いに答えなさい。　　　　　　　　<(3)②, (4)は 10 点×2，他は 5 点×3>

　　　a 財政には，人々から**b 税金**を集めて社会資本や公共サービスを提供するほか，**c 社会保障
制度**などによって人々の**d 所得**の格差を少なくしたり，景気を調整したりする役割がある。

(1)　**下線部 a** について，歳入に占める公債金の割合を，次の**ア〜エ**から１つ選びなさい。

　　ア　約 7 割　　イ　約 5 割　　ウ　約 3 割　　エ　約 1 割　　　　　　〔　　　　〕

(2)　**下線部 b** について，消費税など，納める人と負担する人が異なる税を何といいますか。

〔　　　　　　　　　〕

重要 (3)　**下線部 c** について，次の各問いに答えなさい。

　①　社会保障制度のうち，生活保護法に基づいて生活が苦しい人々を援助するものを何とい
いますか。次の**ア〜エ**から選びなさい。〔　　　　〕

　　ア　社会保険　　イ　社会福祉　　ウ　公的扶助　　エ　公衆衛生

　②　社会保障制度にかかる費用について，少子高齢化との関係からどのような問題が起こっ
ていますか。「高齢化によって」，「若い世代の負担」という語句を使って説明しなさい。

〔　　　　　　　　　　　　　　　　　　　　　　　　　　　　　　　　　〕

(4)　**下線部 d** について，所得の格差を少なくするためにとられている累進課税とは，どのよう
な課税方法ですか。簡潔に説明しなさい。

〔　　　　　　　　　　　　　　　　　　　　　　　　　　　　　　　　　〕

1 国際社会のしくみ

(1)国際社会と国家

国際社会は，＿＿＿＿＿＿＿を中心に構成されている。
<u>主権をもつ独立した国家のこと</u>

→ 世界には190以上の主権国家がある。
<u>日本も主権国家の1つ</u>

主権国家の原則とは…

◎内政不干渉の原則…国内の問題について，

他国の干渉を受けない。

◎主権平等の原則…他の国々と対等である権利。

〈主権国家〉

```
国家 ── 国民
     ├── 領域
     └── 主権
```

(2)主権のおよぶ範囲

国家の主権のおよぶ範囲を領域という。

→ ＿＿＿＿＿・領海・領空からなる。

◎領土…＿＿＿＿＿がおよぶ陸地。

◎＿＿＿＿＿…沿岸から一定範囲(12海里以内)の海。
<u>1海里は1852m</u>

◎＿＿＿＿＿…領土と領海の上空。

◎＿＿＿＿＿＿＿…領海の外側で沿岸から

＿＿海里までの水域。

→ 水域が重なる国と国との間で，権利をめぐって争いが起こることがある。

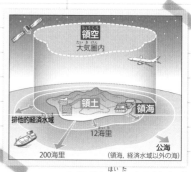

★領域と排他的経済水域

排他的経済水域では，漁業資源や鉱産資源などの権利は沿岸国にある。

領域に関する原則は…

◎領土不可侵の原則…相手の領域に無断で立ち入らない。

◎＿＿＿＿＿の原則

…排他的経済水域の外側を公海といい，どこの国の船や漁船も自由に航行・操業できる。

日本の領土をめぐる問題とは…

◎ ＿＿＿＿＿＿＿…ロシア連邦が不法に占拠。
　└ 北海道の択捉島, 国後島, 色丹島, 歯舞群島

◎ ＿＿＿＿＿＿…韓国が不法に占拠。
　└ 島根県

◎ 尖閣諸島…日本固有の領土だが, 中国などが領有を主張。
　└ 沖縄県　領有権をめぐる問題は存在しない。

★ 日本の領域と排他的経済水域

(3)国旗と国歌

国旗・国歌…国家を示すシンボル。国家どうしは, おたがい
　　　　　にこれらを, 尊重し合うことが国際的な儀礼。

★ 北方領土

{
◎ 日本の国旗…日章旗(日の丸)。

◎ 日本の国歌…「君が代」
}

(4)国際社会のルール

◎ ＿＿＿＿＿＿…国際社会での平和と秩序を保つために
　　　　　　　守るべききまり(ルール)。

国際法の種類は…

◆ 国際慣習法…国家間の長年のならわしで成立したきまり。
　→ 領土不可侵や, 外交使節の特権(治外法権)など。

◆ ＿＿＿＿＿…国家間で文書によって結ばれる。
　→ 広い意味では, 協定や憲章なども含まれる。
　↓

条約には, 2国間で結ばれるものだけでなく, 多国間で結ばれるものもある。

国際法には, 原則として強制力がない。

◎ ＿＿＿＿＿＿…国家間の争いを法的に解決する機関。
　└ 国際連合の機関の1つ　裁判には当事国の同意が必要。

2 国際連合

(1)国際連合の目的と特色

＿＿＿＿＿＿…世界の＿＿＿＿と安全を維持するため，
経済，社会，文化などさまざまな分野で国際協力を進める機関。

> 二度の世界大戦への反省からつくられた。

◉1945年10月，国際連合憲章に基づいて成立。

◉本部はアメリカ合衆国の＿＿＿＿＿＿＿。

◉原加盟国は51か国 → 現在は190を超える国が加盟。
　　　　⌐発足時の加盟国

国際連合の特色

◉多数決制

　…総会は1国1票で，加盟国は平等の投票権をもつ。

みんな平等！

> 第一次世界大戦後につくられた国際連盟は，総会の議決が全会一致だったので，なかなか決議できなかった。また，経済制裁しかできなかった。このため，第二次世界大戦を防げなかった。

◉軍事的な制裁ができる　⌐強制措置

　…他国への侵略などを行った国には，国連軍などによる制
裁が可能。

> 常任理事国は第二次世界大戦の戦勝国。ドイツや日本は入っていない。

◉五大国一致の原則　⌐大国中心主義
　…アメリカ合衆国，ロシア連邦，イギリス，フランス，中国
の五大国（常任理事国）は＿＿＿＿＿をもつ。
　　　　　　　　　⌐1か国でも反対すると決定できないという権利

(2)国際連合のしくみとはたらき

国際連合のおもな機関

◎ ＿＿＿＿＿…全加盟国の代表で構成。
国連の仕事全般について討議。

> 例 核開発を行っている国に対して,関係企業への送金禁止などの経済制裁を決定したりしている。

◎ ＿＿＿＿＿＿＿…常任理事国5か国と,非常任理事国
〔任期は2年〕
10か国で構成。世界の平和と安全の維持に責任をもつ。
→ 制裁措置の決定など。

◎経済社会理事会…社会,文化,教育,経済などの国際協力を
進めるため,専門機関と協力して活動。

おもな専門機関とその他の機関

> UNは国連(United Nations)の略称。WHOはHealthのH,WTOはTradeのT。

◆ ＿＿＿＿＿＿(国連教育科学文化機関)
…文化・教育の振興に取り組む。世界遺産の保護など。
◆ ＿＿＿＿＿＿(世界保健機関)
…感染症などへの保健政策を行う。
◆ ＿＿＿＿＿＿(国連児童基金)
…子どもたちの権利を守る。
◆ ＿＿＿＿＿＿(世界貿易機関)…自由貿易を進める。

平和を守るための国際連合の活動
＿＿＿＿＿…平和維持活動の略称。
紛争地域で停戦の監視や選挙の監視などを行う。

> 日本の自衛隊もPKOに参加している。

★ 国際連合のおもなしくみ

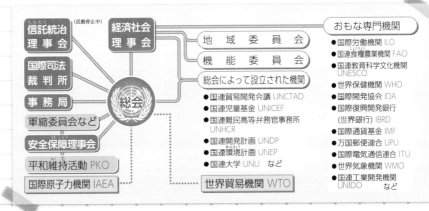

- 信託統治理事会 (活動停止中)
- 国際司法裁判所
- 事務局
- 軍縮委員会など
- 安全保障理事会
- 平和維持活動 PKO
- 国際原子力機関 IAEA
- 総会
- 経済社会理事会
  - 地域委員会
  - 機能委員会
  - 総会によって設立された機関
    - ●国連貿易開発会議 UNCTAD
    - ●国連児童基金 UNICEF
    - ●国連難民高等弁務官事務所 UNHCR
    - ●国連開発計画 UNDP
    - ●国連環境計画 UNEP
    - ●国連大学 UNU など
  - 世界貿易機関 WTO

おもな専門機関
- ●国際労働機関 ILO
- ●国連食糧農業機関 FAO
- ●国連教育科学文化機関 UNESCO
- ●世界保健機関 WHO
- ●国際開発協会 IDA
- ●国際復興開発銀行(世界銀行) IBRD
- ●国際通貨基金 IMF
- ●万国郵便連合 UPU
- ●国際電気通信連合 ITU
- ●世界気象機関 WMO
- ●国際工業開発機関 UNIDO など

3 地域主義と地域紛争

(1)地域主義の動き

情報技術の発達などによってグローバル化が急速に進む。23ページ

↓

同時に,一国では解決できない経済,安全保障,環境などの問題が増加。

↓

地域主義(リージョナリズム)が強まる。
└ 特定の地域でまとまって協力する動き

なぜ？
市場の統合をはかって,アメリカ合衆国などの経済大国に対抗するため。

【おもな地域機構】

◎ _____ …1993年,ECから発展して発足。
ヨーロッパ共同体
ヨーロッパ連合
欧州連合ともいう
ヨーロッパの政治的・経済的統合をめざす。

EUの課題は…
①加盟国間の経済格差が大きい。
②EUの権限が拡大し,各国の意見がうまく反映されない。

◆ 共通通貨 _____ を導入。
◆ 人やもの,お金の域内での移動が自由。
◆ 外交,安全保障などで共通の政策をとる。

フランスから来た人

ドイツ　フランス

東南アジア諸国連合
◎ _____
…東南アジア地域の経済や安全保障での協力を進める。

アジア太平洋経済協力会議
◎ _____
…環太平洋地域の経済協力を進める。
日本も参加。

環太平洋経済連携協定
◎ _____
…環太平洋地域の貿易の自由化などを進める。
日本も参加。

(2)地域紛争

_____とは…1つの国や地域の中で、民族や宗教の違いなどが原因で起こる争い。

→ _____ 終結後、地域紛争や内戦が世界各地で発生。
<u>アメリカを中心とする資本主義諸国と、ソ連を中心とする社会主義諸国の直接戦火を交えない争い</u>

なぜ？
アメリカ合衆国とソビエト連邦の2つの力のバランスによる秩序の安定が崩れたからなど。

★第二次世界大戦後のおもな地域紛争

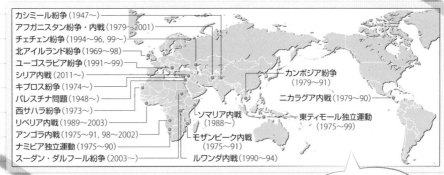

カシミール紛争(1947〜)
アフガニスタン紛争・内戦(1979〜2001)
チェチェン紛争(1994〜96, 99〜)
北アイルランド紛争(1969〜98)
ユーゴスラビア紛争(1991〜99)
シリア内戦(2011〜)
キプロス紛争(1974〜)
パレスチナ問題(1948〜)
西サハラ紛争(1973〜)
リベリア内戦(1989〜2003)
アンゴラ内戦(1975〜91, 98〜2002)
ナミビア独立運動(1975〜90)
スーダン・ダルフール紛争(2003〜)
カンボジア紛争(1979〜91)
ニカラグア内戦(1979〜90)
東ティモール独立運動(1975〜99)
ソマリア内戦(1988〜)
モザンビーク内戦(1975〜91)
ルワンダ内戦(1990〜94)

地域紛争の影響

多くの _____ が発生している。
→ 国連難民高等弁務官事務所(UNHCR)や非政府組織(NGO)が難民の保護や救援活動を行っている。

暴力によって政治目的を実現しようとするテロリズム(テロ)も、冷戦終結後に多発。2001年にはアメリカで同時多発テロが起こった。

戦争や、宗教・民族・政治上の理由による迫害などのため、国外に逃れた人々。

(3)軍縮の動き

冷戦中、核抑止の考えに基づき、アメリカとソ連を中心に核兵器の開発が進む。

↓

1960年代から核軍縮や核実験禁止の動きが進む。
◆ _____ …非核保有国への兵器の譲渡や製造援助などを禁止。
◆包括的核実験禁止条約(CTBT)…すべての核実験を禁止。
◆核兵器禁止条約…核兵器の開発や保有、使用などを全面的に禁止。核保有国を中心に、多くの国が参加していない。

地雷を廃止する動き…対人地雷全面禁止条約が採択される。

4 環境問題，資源エネルギー問題

(1)環境問題

環境問題とは…人間の活動が原因で，自然などが破壊されることで生じた地球規模のさまざまな問題。

おもな環境問題	原因	影響	影響の大きい地域
〔　　　〕	石炭や石油など化石燃料の大量消費による，二酸化炭素(CO_2)などの〔　　　　〕ガスが増加。	地球の平均気温が上昇。 → 海水面の上昇，生物や農作物に悪影響，異常気象が起こるなど	・北極圏や南極大陸（氷がとける） ・海抜の低い島国（水没のおそれ）
〔　　　〕	工場や自動車の排出ガスに含まれる窒素酸化物や硫黄酸化物の増加。	酸性度の強い雨が降る。 → 森林を枯らす，湖沼の生物が死滅，建造物がとけるなど	・ヨーロッパ ・北アメリカ ・中国沿海部
〔　　　〕の破壊	スプレーや電化製品に使用されていたフロンガスなど。	有害な紫外線がオゾンホールから地表に届く。 → 皮膚がんの発症など	・南極上空
〔　　　〕	森林の伐採，焼畑，過放牧など。	不毛の土地が増加。 → 食料不足など	・アフリカのサヘル　サハラ砂漠の南 ・西アジア ・中国内陸部
〔　　　〕の減少	森林の伐採，道路や鉱山などの開発。	野生動物の絶滅。 → 生態系の破壊など	・アマゾン川流域 ・東南アジア

90

(2)環境問題への国際的な取り組み

● 国連環境開発会議(地球サミット) …気候変動枠組条
約や生物多様性条約を採択。

● 地球温暖化防止京都会議… ＿＿＿＿＿＿ で二酸化
炭素などの温室効果ガスの削減を先進工業国に義務づ
ける。
　　→ アメリカの離脱や, 発展途上国に削減義務がない
　　　など の問題点があった。
　　　　　　　　　　　└最大のCO₂排出国である中国など

太陽

温室効果ガス(二酸化炭素など)
地球からの熱
太陽からの熱　温室効果ガスが熱を地球にとどめる→地球が温まる
熱の一部は宇宙へ放出される
地球

★地球温暖化のメカニズム

● ＿＿＿＿＿＿ …京都議定書にかわる温室効果ガス削減のた
めの国際的な枠組み。

> すべての国が参加。
> 世界の平均気温の上昇を産業革命前と比べて, 2℃未満に抑えることが目標。

(3)資源エネルギー問題

　　　　　　　　┌石油,石炭,天然ガスなど
世界では, ＿＿＿＿＿＿ が発電や動力のエネルギー源として欠
かせない。
　　→ 近年,新興国などで需要が増加。

化石燃料の問題点
・分布に偏りがあり,採掘年数に限りがある。
・地球温暖化の原因となる二酸化炭素を大量に排出する。

(4)日本の発電エネルギー

日本は化石燃料のほとんどを輸入に頼っている。
　　→ 安定的な確保が課題。

日 本 (2018年)	水力 8.7%		原子力 6.2%	
		火力 82.3		
アメリカ (2017年)	┌7.6		地熱・風力ほか 2.8%	
		64.6	19.6	8.2
ドイツ (2017年)	┌4.0			
		61.8	11.7	22.5
フランス (2017年)	9.8 13.0		70.9	
				6.3┘
ブラジル (2017年)		62.9	27.0	
				2.7┘ 7.4

(2020/21年版「日本国勢図会」)

★日本とおもな国の発電量の割合

　　　　　　　　　　　　　┌石炭,石油,天然ガスが燃料
日本で一番多い電力の発電源は, ＿＿＿＿＿ 発電。
その他,水力や原子力など。
　　　　　└ウラン

最近は,地球環境問題や安全性の観点から,
　　　　　　　　　　　　の普及がはかられている。

> 太陽光,風力,波力,地熱,バイオマス(生物資源)などを利用した,枯渇の心配がなく,二酸化炭素の排出が少ないエネルギー。

5 南北問題, 人口・貧困問題

(1)南北問題

_____ とは…発展途上国（はってんとじょう）と先進工業国（先進国）の間の

経済格差と, それにともなうさまざまな問題。

> 発展途上国は南半球に多く, 先進工業国が北半球に多いことから, 南北問題とよばれる。

◎発展途上国が抱える（かか）問題

◆かつて _____ だった国が多く, 独立後も工業化が

うまく進んでいない。

先進国が多い
北半球
南半球
発展途上国が多い

◆特定の資源や農産物の輸出（たよ）に頼る,

_____ の国が多い。

→ 国際価格の変動や不作などに左右され, 経済的に

不安定。

> ガーナはカカオ豆, ナイジェリアは石油の輸出に依存（いぞん）しているなど。

◎南南問題の発生

発展途上国の中でも, 貧しいままの国と,

豊かになった国との経済格差が広がっている(　　　　　　)。

◆貧しいままの国…

サハラ砂漠（さばく）以南のアフリカの国々など。

> 新興国
> アジアNIES（ニーズ）…韓国（かんこく）, 台湾（たいわん）, シンガポール, ホンコン。
> BRICS（ブリックス）…ブラジル(Brazil), ロシア(Russia), インド(India), 中国(China), 南アフリカ(South Africa)。それぞれの頭文字をとったよび名。

◆豊かになった国…

・工業化に成功した中国（ちゅうごく）, インド, ブラジルなどの新興国。

・資源の豊かな国→ サウジアラビアなど。
　　 ↳ 中東の産油国など

(2)人口の増加

2020年現在, 世界の人口は約78億人。

発展途上国の人口増加率が高い。

　　　　　↓

発展途上国では, 人口急増に経済成長が追いつかず,

食料不足や貧困が深刻に。

> 食料が不足する国がある一方で, まだ食べられるのに食料が廃棄（はいき）される「食品ロス」が問題になっている。

(3)貧困問題

貧困とは…
1日に使えるお金が1.9ドル未満の状態。

世界では，約8億人が貧困の状態

↓

貧困によって…
食料や水が得られない，医療や教育を受けられないなどの問題
が発生。

(4)国際社会の動き

⚙ _____

…2015年に国連で採択された，2030
年までの達成を誓った17の目標。
貧困や飢餓の撲滅，教育の普及など
の目標が定められている。

★ SDGsの17の目標

●フェアトレード(公正貿易)
…発展途上国の人々が生産した農作物や製品を適正な価格で
購入する。

●マイクロクレジット
…貧しい人々が事業を始める際に，無担保で少額を融資する。

●人間の安全保障
…すべての人々が安心して，人間らしく生きることができる社
会をめざす考え。

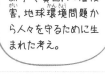

紛争や貧困，人権侵
害，地球環境問題か
ら人々を守るために生
まれた考え。

●日本の動き
…　　　　　　　　　　　　　　　による技術援助や人材育成，非
政府組織(NGO)による医療，貧困対策，農業支援など。

確認テスト⑤

/100

●目標時間：30分　●100点満点　●答えは別冊23ページ

1 次の文を読んで，あとの各問いに答えなさい。

<(1)は6点，他は7点×2>

主権国家は，主権，**a領域**，国民から成り，**b国内の問題について，他国の干渉を受けない**。**c国際法**を尊重し，各国が調和をはかりながら互いに発展していくことがのぞまれる。

重要(1)　**下線部a**について，国の領域に関して説明した文として正しいものを，次の**ア〜ウ**から1つ選びなさい。〔　　　　〕

ア　海岸線から200海里までを領海といい，領海内で他国の船は自由に航行できない。

イ　海岸線から200海里までの領海を除く水域を排他的経済水域といい，その水域内の鉱産資源の権利は沿岸国にある。

ウ　領土・領海・排他的経済水域の上空を領空といい，大気圏内では他国の飛行機は自由に飛行できない。

(2)　**下線部b**について，このことを□の原則といいます。□にあてはまる語句を漢字5字で答えなさい。〔　　　　　　　　〕

(3)　**下線部c**について，国際法のうち，国家間で文書によって結ばれるものを何といいますか。〔　　　　　　　　〕

2 国際連合について，あとの各問いに答えなさい。

<(2)①，②は7点×2，他は6点×3>

(1)　国際連合について説明した文として正しいものを，次の**ア〜エ**から1つ選びなさい。〔　　　　〕

ア　本部はジュネーブにおかれ，1945年に設立された。

イ　総会では1国が1票の投票権をもち，全会一致の議決が原則である。

ウ　他国を侵略した国に対しては軍事的制裁を行うことができる。

エ　紛争地域で停戦の監視などを行うNGOとよばれる活動を行っている。

重要(2)　常任理事国5か国と非常任理事国10か国で構成され，世界の平和と安全の維持に主要な責任をもつ機関について，次の各問いに答えなさい。

①　この機関を何といいますか。〔　　　　　　　　〕

②　この機関の常任理事国がもつ，1か国でも反対すれば決議できない権利を何といいますか。〔　　　　　　　　〕

③　この機関の常任理事国ではない国を，次の**ア〜エ**から1つ選びなさい。〔　　　〕

ア　イギリス　**イ**　フランス　**ウ**　ドイツ　**エ**　ロシア連邦

(3) おもな専門機関であるユネスコについて説明した文として正しいものを，次の**ア～ウ**から１つ選びなさい。〔　　　　〕

    ア すべての人々が健康になるよう，医療・衛生への取り組みを行っている。

    イ 世界遺産などの文化財の保護や，識字教育の活動をしている。

    ウ 子どもの権利を確立し，子どもたちの生存と成長を守るために活動している。

3 次の文を読んで，あとの各問いに答えなさい。

<(1), (3)は6点×2，他は7点×3>

  世界では，各国が協定を結んで経済関係の結びつきを強化するなど**a 国際社会の一体化**が進み，特定の地域がまとまって協力を強める**b 地域主義**の動きもみられる。いっぽうで，各地で**c 地域紛争**が絶えず，**d 苦しい生活を強いられている人々**が大勢いる。

(1) **下線部 a** について，このことを□□□□□化といいます。□□□□□にあてはまる語句をカタカナ５字で答えなさい。〔　　　　　　〕

(2) **下線部 b** について，このことをカタカナ８字で何といいますか。〔　　　　　　〕

(重要)(3) **下線部 b** について，アジア太平洋地域の経済協力を目的とし，日本も第１回から参加している国際会議を，次の**ア～エ**から１つ選びなさい。〔　　　　〕

    ア APEC（エイペック）　**イ** ASEAN（アセアン）　**ウ** EU（イーユー）　**エ** USMCA（ユーエスエムシーエー）

(4) **下線部 c** について，地域紛争の原因として考えられることを１つ答えなさい。〔　　　　　　〕

(5) **下線部 d** について，紛争などによって国境を越えて他国に逃れる人々を何といいますか。〔　　　　　　〕

4 あとの各問いに答えなさい。

<(3)は7点，他は4点×2>

(重要)(1) 先進国が行う発展途上国への援助を何といいますか。アルファベット３字で答えなさい。〔　　　　　　〕

(2) 化石燃料を燃やすことによって排出される，地球温暖化の原因となる物質は何ですか。〔　　　　　　〕

(3) 地球温暖化によって引き起こされる被害を１つ答えなさい。〔　　　　　　〕

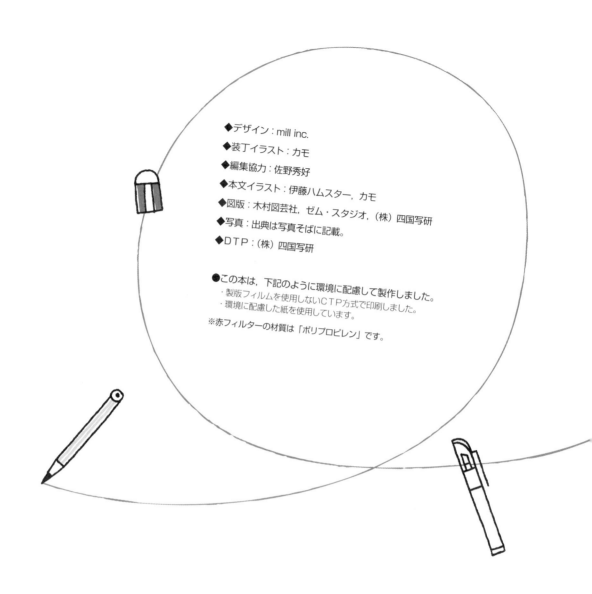

◆デザイン：mill inc.

◆装丁イラスト：カモ

◆編集協力：佐野秀好

◆本文イラスト：伊藤ハムスター，カモ

◆図版：木村図芸社，ゼム・スタジオ，（株）四国写研

◆写真：出典は写真そばに記載。

◆DTP：（株）四国写研

●この本は，下記のように環境に配慮して製作しました。
・製版フィルムを使用しないCTP方式で印刷しました。
・環境に配慮した紙を使用しています。

※赤フィルターの材質は「ポリプロピレン」です。

テスト前に
まとめるノート 改訂版
中学公民

別冊解答

テスト前に
まとめるノート
中学公民

本冊のノートの
答え合わせに

使い方
1

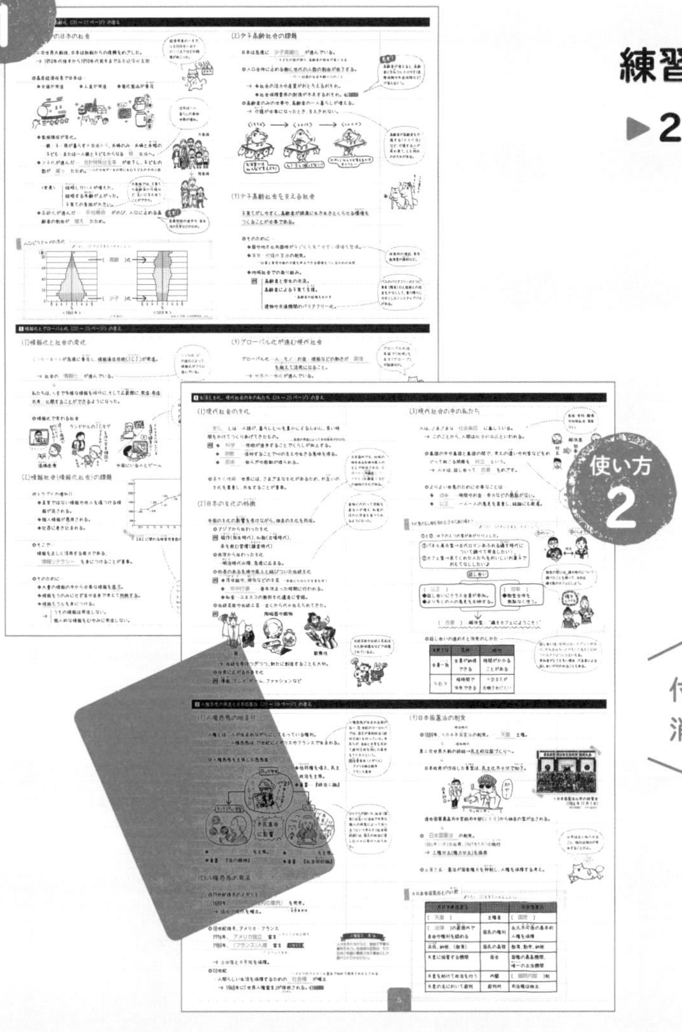

ノートページの答え
▶2〜20 ページ

練習テスト❶〜❺の答え
▶21〜23 ページ

使い方
2

付属の赤フィルターで
消して，暗記もできる！

Gakken

❶ 世界のすがたと地域の調査

↓できたらチェック

□ ① 最も大きい大陸は __ユーラシア__ 大陸，
最も大きい海洋は （太平洋・__大西洋__ ）。

□ ② メルカトル図法の地図では，赤道から離れるほど，
面積が実際より（__大きく__・小さく ）表される。

※ メルカトル図法の地図

□ ③ 正距方位図法の地図は，中心からの __距離__ と方位が正しい。

□ ④ __経度__ 緯度 は赤道を0度として，南北をそれぞれ90度
に分けたもの，（ 緯度・__経度__ ）は本初子午線を0度として，
東西をそれぞれ180度に分けたもの。

※ 正距方位図法の地図

□ ⑤ 世界は6つの州に分けられ，日本は __アジア__ 州に属する。

□ ⑥ 世界で最も面積が大きい国は __ロシア（連邦）__ ，
2020年現在，人口が10億人を超える国は __中国__ とインド。

□ ⑦ 熱帯の地域では，熱帯雨林（熱帯林）の葉や幹を利用した住居
や，__床__ が高くなっている住居がみられる。

□ ⑧ 寒さが厳しい寒帯に属するカナダ北部の北極圏には，
先住民の __イヌイット__ が住んでいる。

□ ⑨ シベリアに広がる針葉樹林は，（__タイガ__・セルバ ）とよばれる。

□ ⑩ 雨がほとんど降らない乾燥帯の地域では，こねた土を乾かし
てつくる __日干しれんが__ を利用した住居がみられる。

□ ⑪ 世界三大宗教は，シャカが開いた仏教，イエスが開いた
__キリスト__ 教，ムハンマドが開いた __イスラム__ 教。

□ ⑫ 夏と冬で吹く方向が逆になる風を，__季節風（モンスーン）__ という。

□ ⑬ 中国の沿岸部にある __経済特区__ は，政府が海外の資本や技
術を取り入れるために設置した地域である。

□ ⑭ 東南アジアの国々は，政治的・経済的に結びつきを強めるため，
__東南アジア諸国連合（ASEAN）__ を結成している。

□ ⑮ スカンディナビア半島の西岸には，氷河によって侵食されてで
きた複雑な地形の __フィヨルド__ が続く。

□ ⑯ EUの加盟国間の貿易では，__関税__ が撤廃されている。

□ ⑰ 温帯の気候のうち，__地中海性__ 気候は，主に中緯度の
大陸西岸に分布していて，夏は乾燥し，冬にやや雨が多くなる。

□ ⑱ ギニア湾岸の国々では，__カカオ__ の栽培がさかん。

□ ⑲ 近年，アメリカ合衆国では，スペイン語を話す中南米からの移
民である __ヒスパニック__ が増えている。

□ ⑳ アメリカ合衆国では，大型機械を使い，労働者を雇うなどして
経営する __企業的__ な農業がさかん。また，地域の自然環境に
適した農作物が栽培されており，これを __適地適作__ という。

□ ㉑ アメリカ合衆国のサンフランシスコ近郊の __シリコンバレー__
とよばれる地域には，情報通信技術関連産業の企業が集中する。

□ ㉒ オーストラリアは鉱産資源が豊富で，（石炭・__鉄鉱石__ ）は北
西部，（__石炭__・鉄鉱石 ）は東部で主に産出している。

□ ㉓ 5万分の1の地形図で，2cmの実際の距離は __1000__ m。

□ ㉔ 等高線の間隔が狭いところの傾斜は，（__急__・緩やか ）である。

□ ㉗ 地図記号で ⊗ は __警察署__ ，⌂ は __図書館__ である。

12

---

❷ 日本のすがた

□ ㉖ 日本は __ユーラシア__ 大陸の東に位置し，
北端は __択捉島__ ，南端は __沖ノ鳥島__ である。

※ 領土・領海・領空

□ ㉗ __排他的経済水域__ とは，海岸線から
200海里以内で，領海を除く水域をいう。

□ ㉘ 経度 __15__ 度で1時間の時差がある。

□ ㉙ 日本は __環太平洋造山帯__ （アルプス・ヒマラヤ造山帯）
に属し，火山活動が活発で地震が多い国である。

□ ㉚ 河川が，山間部から平地に出るところに土砂を積もらせて
つくられる地形を（__扇状地__・三角州 ）という。

□ ㉛ 日本の気候で，夏に降水量が多く，冬に乾燥するのは，
（日本海側・__太平洋側__ ）の気候である。

□ ㉜ 先進国の人口ピラミッドには（富士山・__つぼ__ ）型が多い。

□ ㉝ 日本では，生まれてくる子どもの数が減り，高齢者の占め
る割合が高くなる __少子高齢__ 化が急速に進んでいる。

□ ㉞ 日本の食料自給率は低下を続け，とくに
（__米__・小麦 ）や大豆の自給率が低くなっている。

□ ㉟ 宮崎平野や高知平野では，温暖な気候を生かした __促成__
栽培がさかん。

□ ㊱ 近年，日本の水産業では，（とる漁業・__育てる漁業__ ）と
よばれる養殖漁業や栽培漁業に力を入れている。

□ ㊲ 人口や工業が集中している，関東地方南部から九州地方北部にかけ
ての帯状の地域を __太平洋ベルト__ という。

※ 日本の気候区分

□ ㊳ 現在，日本の最大の貿易相手国は __中国__ である（2019年）。

□ ㊴ 現在の国内の輸送手段は，（__自動車__・鉄道 ）が中心である。

□ ㊵ 九州南部に広がる __シラス__ 台地では，畜産がさかん。

□ ㊶ 岡山県倉敷市の水島地区には，製油所や火力発電所など石油
関連の工場が結びついた __石油化学コンビナート__ がある。

□ ㊷ 滋賀県の __琵琶湖__ は日本一大きな湖で，近畿地方の
人々のくらしを支える水の供給源となっている。

□ ㊸ 阪神工業地帯では，内陸部に（大工場・__中小工場__ ）が多い。

□ ㊹ 本州の中央部に連なる飛驒山脈・木曽山脈・赤石山脈を
まとめて __日本アルプス（日本の屋根）__ という。

□ ㊺ 八ヶ岳山麓の野辺山原などでは夏でも涼しい気候をいかし
て，レタスなど高原野菜の（__抑制__・促成 ）栽培を行っている。

□ ㊻ 豊田市の自動車工業を中心に発達した __中京__ 工業地帯は，
工業出荷額が日本一で，（__機械__・化学 ）工業の割合が高い。

□ ㊼ 貿易額が日本一（2019年）の __成田国際空港__ では，
電子部品や，鮮度が大切な魚介類の輸出入が多い。

□ ㊽ 埼玉県・茨城県・千葉県などでは，大都市に近い条件を
いかした __近郊__ 農業がさかんである。

□ ㊾ 三陸海岸南部には __リアス__ 海岸が発達し，その
沖合にある __潮境（潮目）__ は，よい漁場になっている。

□ ㊿ 北海道の石狩平野では __稲作__ ，十勝平野では
（__稲作__・畑作 ），根釧 台地では酪農がさかんである。

パパッとおさらい!

歴史の復習まとめ

●空欄を埋めるか、正しい方に○をつけましょう。

❶ 文明のおこり〜平安時代

できたらチェック

☐ ① 殷という国で使われた 甲骨文字 は漢字のもとになった。

☐ ② 弥生 時代になると稲作が広まり、収穫したものは 高床倉庫 に蓄えた。

☐ ③ 239年、邪馬台国 の卑弥呼は中国の魏に使いを送った。

☐ ④ 大仙(山)古墳に代表される 前方後円墳 という種類の古墳が多くある地域には、有力な豪族がいたと考えられている。

☐ ⑤ 朝鮮半島や中国から日本に移り住んだ 渡来人 たちは、大陸の優れた技術や文化を伝えた。

☐ ⑥ 聖徳太子は 十七条の憲法 を定めて役人の心構えを示した。

☐ ⑦ 中大兄皇子らが始めた政治改革を、大化の改新 という。

☐ ⑧ 710年、奈良の 平城京 に都が移された。

☐ ⑨ 戸籍をもとに6歳以上の男女に口分田を与え、死ぬと国に返させる制度を 班田収授 法という。

☐ ⑩ 743年に 墾田永年私財 法が制定され、新しく開墾した土地はいつまでも自分の土地にしてよいと認められた。

☐ ⑪ 桓武天皇(聖武天皇) は、東大寺を建て大仏を造立した。

☐ ⑫ 平安時代、藤原氏が行った政治を 摂関政治 という。

☐ ⑬ 白河天皇は上皇になってからも政治を行い、院政 を始めた。

☐ ⑭ 1167年、平清盛 は武士として初めて太政大臣となった。

(吹き出し) 縄文土器がつくられるようになった今から約1万数千年前が紀元前3世紀までを縄文時代という。

(吹き出し) 四角い底に丸いカラダ、どうも！前方後円墳と申します → 方形(四角形)・円形

(吹き出し) 冠位十二階の制度もつくった

(吹き出し) 人口の増加などで口分田にする農地が不足してきたので、開墾をすすめようとしたため。

(吹き出し) 荒れ地を耕して農地にすること

(吹き出し) 仏教の力で国を守ろうとしたため。

(吹き出し) このころ国風文化が栄え、紫式部は『源氏物語』清少納言は『枕草子』を書いた。

(吹き出し ゴロ) 1167 人々むなしい清盛の政治

❷ 鎌倉時代〜江戸時代

☐ ⑮ 源頼朝は、国ごとに 守護 地頭 を、荘園や公領ごとに 守護 地頭 を置くことを朝廷に認めさせた。

☐ ⑯ 1221年、後鳥羽上皇が兵を挙げ、承久 の乱が起こった。

☐ ⑰ 東大寺南大門に置かれた 金剛力士像 は運慶らが制作した。

☐ ⑱ 2度にわたる元軍の襲来を 元寇 という。

☐ ⑲ 室町幕府の3代将軍をつとめた足利義満は、明との貿易で正式な貿易船に 勘合 という合い札を持たせた。

☐ ⑳ 1467年、将軍のあとつぎ争いと守護大名の対立などが原因で、応仁 の乱が起き、約11年続いたあと戦乱の世となった。→この乱のころから 下剋上 の風潮が広がった。

☐ ㉑ 1492年、マゼラン コロンブス は大西洋を横断し、アメリカ大陸に近い西インド諸島に到達した。

☐ ㉒ 1549年、イエズス会の宣教師 フランシスコ-ザビエル が鹿児島に上陸し、日本に初めてキリスト教を伝えた。

☐ ㉓ 織田信長は商工業をさかんにするため、市場の税を免除し、座の特権を廃止する 楽市・楽座 の政策を行った。

☐ ㉔ 豊臣秀吉は、農民から武器を取り上げる 刀狩 を行った。

☐ ㉕ 関ヶ原 の戦いに勝った徳川家康は、江戸幕府を開いた。

☐ ㉖ 江戸幕府は 武家諸法度 を定めて大名を厳しく統制し、3代将軍の徳川家光は、大名を領地と江戸に1年おきに住まわせる 参勤交代 の制度を整え、これに加えた。

(吹き出し なぜ?) 政治の実権を鎌倉幕府から朝廷に取り戻そうとしたため。

(吹き出し) こののち、生活が苦しくなった御家人を救うために幕府は(永仁の)徳政令を出したが効果はなかった。

(吹き出し) 身分が下の者が、主君など身分が上の者を倒すこと。

(吹き出し ゴロ) 1588 以降パッパと差し出す刀狩

(吹き出し なぜ?) 一揆を防いで、農民を農作業に専念させるため。

(吹き出し) 1603年のこと

(吹き出し) 大名は往復の費用や江戸での生活費など、多くの出費を強いられた。

17

☐ ㉗ 江戸幕府による、キリスト教の禁止・貿易統制・外交独占の体制を 鎖国 という。

☐ ㉘ 1716年に8代将軍の 徳川吉宗 が享保の改革を、1787年には老中の松平定信が 寛政の改革 という政治改革を始めた。

☐ ㉙ 1841年、由沼意次 水野忠邦 は、天保の改革を始めた。

☐ ㉚ 伊能忠敬 歌川(安藤)広重 は、化政文化が栄えたころ、日本全国を測量して正確な日本地図をつくった。

☐ ㉛ 1840年、イギリスは清との間で アヘン戦争 を起こした。

☐ ㉜ 1853年、アメリカの使節 ペリー が来航し、開国を求めた。

☐ ㉝ 1858年、大老 井伊直弼 は反対派を抑えて、日米和親条約 日米修好通商条約 に調印した。

☐ ㉞ 1867年、将軍徳川慶喜が 大政奉還 を行うと、続いて 王政復古の大号令 が出され、江戸幕府が滅んだ。

❸ 明治時代〜現代

☐ ㉟ 1868年3月、明治新政府は 五箇条の御誓文 を出した。

☐ ㊱ 1873年の地租改正で、地価の3%を 現金 で納めることになった。

☐ ㊲ 1874年、板垣退助 は民撰議院設立の建白書を提出した。→自由民権運動が始まった。

☐ ㊳ 伊藤博文 は、ドイツ(プロイセン)の憲法などを学び、大日本帝国憲法の草案作成の中心となった。

(吹き出し なぜ?) キリスト教を禁止した理由→幕府より神の信仰を大切にする教えが、幕府の支配の妨げになったから。

(吹き出し ゴロ) 1787 稲穂 花咲く寛政の改革

(吹き出し) 19世紀の初めのこと

(吹き出し) 江戸時代の文化は、元禄文化→化政文化の順に栄えた。◆元禄文化は上方(京都や大阪)中心、化政文化は江戸中心。◆どちらも町人による文化。

(吹き出し ゴロ) 1840 イワシ丸ごとアヘン戦争 あ〜ん。

(吹き出し) 不平等な条約だった

(吹き出し) 不平等な内容は… ◆相手国に領事裁判権(治外法権)を認める。 ◆日本に関税自主権がない。

(吹き出し なぜ?) 政府の収入を安定させるため。

(吹き出し なぜ?) ドイツの憲法は君主権が強く、天皇を中心とする日本の憲法の手本にふさわしかったから。

(吹き出し) 1889年発布

☐ ㊴ 日清戦争で勝利した日本は、ポーツマス 下関 条約で台湾や遼東半島などの領土や巨額の賠償金を得た。

☐ ㊵ 第一次世界大戦は、1914年、ドイツ ロシア 中心の同盟国とイギリスやフランス中心の 連合国 との間で起こった。

☐ ㊶ 1920年、平和をめざす国際機関の 国際連盟 が成立した。

☐ ㊷ 大正時代の日本でさかんになった、民主主義を求める風潮を 大正デモクラシー という。

☐ ㊸ 1918年、米の安売りを求める 米騒動 が起き、鎮圧後に内閣が総辞職して、原敬 が最初の本格的な政党内閣を組織した。

☐ ㊹ 1925年、満25歳以上のすべての 男子 に選挙権が与えられた。一方で 治安維持法 が制定された。

☐ ㊺ 1929年に始まった、世界的な大不景気を 世界恐慌 という。

☐ ㊻ 1932年、犬養毅 首相が暗殺される 二・二六 五・一五 事件が起き、戦前の政党政治が終わった。

☐ ㊼ 1945年8月、日本は ポツダム 宣言を受諾し降伏した。こののち 農地改革 が行われ、多くの小作農が自作農になった。

☐ ㊽ アメリカ を中心とする西側陣営と ソ連 を中心とする東側陣営の対立は 冷たい戦争(冷戦) とよばれた。

☐ ㊾ 1951年、日本は48か国と サンフランシスコ 平和条約を結び、独立を回復した。

☐ ㊿ 第二次世界大戦後アメリカが統治していた 沖縄 県は1972年に日本に返還されたが、アメリカ軍基地は残された。

(吹き出し ゴロ) 1914 行くん死んだ第一次大戦

(吹き出し) 日本は日英同盟を口実にイギリス側で参戦

(吹き出し) アメリカ大統領ウィルソンの提案。→しかし、アメリカは不参加。

(吹き出し) 普通選挙制が実現

(吹き出し) 民主主義思想や社会運動を取りしまるための法律

(吹き出し ゴロ) 1932 いくさに進む五・一五

(吹き出し) 第二次世界大戦末期、アメリカによって、1945年8月6日には広島、9日には長崎に原子爆弾が投下された。

(吹き出し ゴロ) 1951 ひどく強引に平和条約

(吹き出し) 第二次世界大戦後に始まった。1989年に終結。

(吹き出し ゴロ) 1972 人苦難に負けず、沖縄返還

(吹き出し) 現在も多くの、多くの問題が起きている。

3

19

(1)これまでの日本の社会

第二次世界大戦後、日本は敗戦からの復興をめざした。
→ 1950年代後半から1970年代前半まで高度経済成長期

◆高度経済成長で日本は…

◆交通が発達　◆工業が発達　◆電化製品が普及

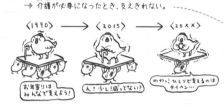

経済発展の一方で、公害問題や大都市への人口集中などの問題が起こった。

近年は一人暮らしの単独世帯が増加。

◆家族構成が変化。
　…親・子・孫が暮らす大家族から、夫婦のみ・夫婦と未婚の
　子ども、または一人親と子どもからなる 核 家族へ。

◆少子化が進んだ… 合計特殊出生率 が低下し、子どもの
　数が 減っ たため。　一人の女性が一生の間に生む子どもの平均人数

〈背景〉
結婚しない人が増えた。
結婚する年齢が上がった。
子育ての負担が大きい。

大家族では、子育てや高齢者の介護など、互いに支え合うことができた。

◆高齢化が進んだ… 平均寿命 がのび、人口に占める高
　齢者の割合が 増え たため。

医療技術の進歩や、食生活の充実などのため。

人口ピラミッドの変化

〈1960年〉〈2019年〉
※は85歳以上
(2020/21年版「日本国勢図会」ほか)

（　高齢　）化　→
（　少子　）化　→

(2)少子高齢社会の課題

日本は急速に 少子高齢化 が進んでいる。
　子どもの数が減り、高齢者の割合が高くなる

◆人口全体に占める働く世代の人数の割合が低下する。
　15〜64歳の生産年齢人口のこと
　→◆社会の活力や産業がおとろえるおそれ。
　　◆社会保障費用の財源が不足するおそれ。→78ページ

◆高齢者のみの世帯や、高齢者の一人暮らしが増える。
　→介護が必要になったとき、支えきれない。

〈1990〉→〈2015〉→〈20××〉
お年寄りはみんなで支えよう！
ん？少し減ってない？
うわっ！ヒトリで支えるのはタイヘン…

なぜ？
高齢者が増えると、高齢者に支える社会保障費（医療保険や年金保険など）が増えるから。

高齢者が高齢者を介護する「老老介護」など、介護する人が疲れ切れないなど、とも倒れのおそれがある。

(3)少子高齢社会を支える社会

子育てがしやすく、高齢者が健康に生き生きとくらせる環境を
つくることが必要である。

◆そのために…
◆国や地方公共団体が子どもを育てやすい環境を整備。
◆育児・介護休業法の制定。
　仕事と育児や親の介護を両立できる環境をつくるための法律
◆地域社会での取り組み。
　例｜高齢者と学生の交流。
　　｜高齢者による子育て支援。
　　　高齢者の経験を生かす
　　｜建物や交通機関のバリアフリー化。

保育所の増設、育児教育費の補助など。

バスのバリアフリーの一つに乗車（降車）口と道路の段差を少なくして、乗り降りしやすくしたノンステップバスがある。

---

(1)情報化と社会の変化

インターネットが急速に普及し、情報通信技術（ICT）が発達。
　→社会の 情報化 が進んでいる。

私たちは、大量で多様な情報を瞬時に、そして広範囲に、発信・受信・
共有・公開することができるようになった。

人工知能（AI）の進化によって、情報化がさらに進んでいる。

24時間、いつでも、どこででも世界中の人たちと情報交換ができる！

◆情報化で変わる社会
遠隔医療　ランドセルのICタグ　外国にいる人とゲーム

(2)情報社会（情報化社会）の課題

◆トラブルの増加！！
◆真実ではない情報や他人を傷つける情報が流される。
◆個人情報が悪用される。
◆犯罪に巻き込まれる。

SNSに関わる被害児童数の推移

1,085　1,076　1,293　1,421　1,652　1,736　1,813　1,811　2,082
2011 12 13 14 15 16 17 18 19年（暦年）

ソーシャル・ネットワーキング・サービス（SNS）の利用増加にともなって、トラブルも増加。

◆そこで…
情報を正しく活用する能力である、
　情報リテラシー を身につけることが重要。

◆そのために…
◆大量の情報の中から必要な情報を選ぶ。
◆情報をうのみにせず自分自身で考えて判断する。
◆情報モラルを身につける。
　→｛うその情報は発信しない。
　　｛個人的な情報をむやみに発信しない。

(3)グローバル化が進む現代社会

グローバル化…人・モノ・お金・情報などの動きが 国境
　を越えて活発になること。
　→世界の一体化が進んでいる。

グローバル化は、英語で「地球」を表す「グローブ」が語源なの。

グローバル化が進むと…
◆貿易が拡大する。
◆日本で暮らす外国人、海外で暮らす日本人が増える。

◆ 国際分業 が進む。
　例｜日本ではこれまで、原料を輸入して工業製品を輸出する
　　｜加工貿易がさかんだった。

　　｜国内では製品の企画・開発を行い、賃金の安い
　　｜アジア諸国で生産する分業を行う。

◆ 国際競争 がさかんになる。
　例｜国産品より安　｜安くて質の良い国
　　｜い輸入品が売 ⇔ 品をつくろうとする
　　｜られる。　　｜動きが強まる。

◆ある国でのできごとが、世界中に影響する。
　例｜◆アメリカの金融機関が破たん。
　　｜　→世界中が不景気になった。
　　｜◆タイで洪水が起こった。
　　｜　→タイにあるアメリカの工場が生産を停止した。

◆地球環境問題など、一国では解決できない問題も多くなり、
　国際協力が求められている。
　国境を越えた協力

◆お互いの個性や文化、国の特徴を大切にする、
　多文化共生（社会） の実現が求められている。

海外で活躍しているスポーツ選手も増えている。

各国が有利な条件で生産できるものを貿易で交換し合うこともある。

輸入品への依存が強まると、食料自給率の低下などの問題も発生。

地球温暖化を防止するためには、国際的な会議が開かれている。

1) 現代社会の文化

文化　とは…人類が，暮らしと心を豊かにするために，長い時間をかけてつくりあげてきたもの。

> 医学の発達によって平均寿命がのびた

例　◆　科学　…技術が進歩することでくらしが向上する。
　　◆　宗教　…信仰することで心の支えや生きる意味を得る。
　　◆　芸術　…安らぎや感動が得られる。

◆異文化理解…世界には，さまざまな文化があるため，お互いの文化を尊重し，共生することが重要。

> 日本国内でも，地域の特色ある気候や風土のもとで形成された，琉球文化（沖縄県）やアイヌ文化（北海道）などの独特の文化がある。

2) 日本の文化の特徴

外国の文化の影響を受けながら，独自の文化を形成。

◆アジアから伝わった文化
例　稲作（弥生時代），仏教（古墳時代），茶を飲む習慣（鎌倉時代）

◆西洋から伝わった文化
…明治時代以降，急速に広まる。

> 着物に代わって洋服を着る人が増え，和食のほかに洋食も食べられるようになった。

◆四季のある気候や風土と結びついた伝統文化
例　◆浮世絵や，俳句などの文芸　←季節にちなんだ言葉を使う
　　◆　年中行事　…毎年決まった時期に行われる。
　　◆和食…ユネスコの無形文化遺産に登録。

◆伝統芸能や伝統工芸…古くから代々伝えられてきた。

例
　　能　　陶磁器や織物　　歌舞伎

→　伝統を受けつぎつつ，新たに創造することも大切。

> 伝統芸能や伝統工芸品は文化財保護法などで保護されているよ。

◆世界に広がる日本文化
例　漫画，アニメ，ゲーム，ファッションなど

(3) 現代社会の中の私たち

人は，さまざまな　社会集団　に属している。
　→　このことから，人間は社会的存在といわれる。

> 家族・学校・職場や地域社会・国家など。

◆集団の中や集団と集団の間で，考えの違いや利害などをめぐって起こる問題を　対立　という。
　→　人々は，話し合って　合意　をめざす。

◆よりよい合意のために必要なことは…
　◆　効率　…時間やお金・労力などの無駄がない。
　◆　公正　…一人一人の意見を尊重し，結論にも配慮。

> 対立を防ぐためには，決まり（ルール）が必要。

文化祭の出し物を決める〈3年C組の場合〉
> 下の〔　〕の中に言葉を入れましょう。

①と②，以下の2つの案があがり対立した。

①パネル展示案→古代ロマンあふれる縄文時代について調べて発表したい！
②カフェ案→来てくれた人たちをおいしいお菓子でおもてなししたい♪

①がいい…
②にしよう！
対立

話し合い

〔　公正　〕…
◆話し合いにクラス全員が参加。
◆より多くの人の意見を反映する。

〔　効率　〕…
◆教室全体を無駄なく使う。

> 教室の壁には，縄文時代について調べたことを貼って，当日は，縄文風のカフェにしよう。

縄文CAFE

〔　合意　〕…解決策："縄文カフェにようこそ！"

◆話し合いの進め方と決定のしかた

決定方法	長所	短所
全員一致	全員が納得できる	時間がかかることがある
多数決	短時間で決定できる	少数意見が反映されにくい

> 話し合いは，時間は短いほうが効率的，参加者は多いほうが多くの意見が反映されるのでより公正といえる。参加者がとても多い場合，代表者による話し合いが行われることもある。

---

1) 人権思想の始まり

人権とは…人が生まれながらにしてもっている権利。
　　人権思想は，17世紀にイギリスやフランスで生まれる。

> 人権思想が生まれる前の16〜18世紀のヨーロッパでは，国王が専制政治（絶対王政）を行っていた。市民らが，自由と平等を求めて絶対王政を倒した革命を，市民革命という。
> 例 名誉革命（イギリス）アメリカ独立戦争 フランス革命

◆人権思想を主張した思想家

ロック先生
自由と平和だ！！！

モンテスキュー先生

ルソー先生

市民革命に影響

◆抵抗権を唱え，民主政治を主張。
◆著書…『統治二論』

> ロックらが説いた，社会（国家）は互いに自由で平等な個人の同意によって成り立つという考え方（社会契約説）は，国王の政治に苦しむ人々に受け入れられた。

◆　三権分立（権力分立）　を主張。
◆著書…『法の精神』

◆　人民主権　を主張。
◆著書…『社会契約論』

2) 人権思想の発展

◆17世紀後半のイギリス
1689年，　権利章典（権利の章典）　を発布。
> 名誉革命後
→　議会の権限を確立。

◆18世紀後半，アメリカ・フランス
1776年，　アメリカ独立　宣言　←アメリカ独立戦争
1789年，（フランス）人権　宣言　←人権宣言　←フランス革命
→　自由権と平等権を保障。

◆20世紀
・人間らしい生活を保障するための　社会権　が確立
> ドイツのワイマール憲法で初めて規定されたとされる
→　1948年に「世界人権宣言」が採択される。

人権宣言　第1条
> 人は生まれながらに，自由で平等な権利をもち，社会的な区別は，ただ公共の利益に関係のある場合にしか設けられてはならない。

(3) 日本国憲法の制定

◆1889年，大日本帝国憲法の制定。…　天皇　主権。
> 明治時代

◆第二次世界大戦の終結→民主的な国づくりへ。
> 昭和時代

日本政府が作成した草案は，民主化不十分で却下。

日本政府
却下！
マッカーサー

★日本国憲法の布の祝賀会
（1946年11月3日）
（朝日新聞社／PPS通信社）

連合国軍最高司令官総司令部（GHQ）から独自の案が出される。

◆　日本国憲法　の制定。
1946年11月3日公布，1947年5月3日施行
→　三権分立（権力分立）を採用

> 公布は広く知らせること，施行は効力が発生することだよ。

◆立憲主義…憲法が国家権力を抑制し，人権を保障する考え。

大日本帝国憲法との比較
> 下の〔　〕に言葉を入れましょう。

大日本帝国憲法		日本国憲法
〔　天皇　〕	主権者	〔　国民　〕
〔　法律　〕の範囲内で自由や権利を認める	国民の権利	永久不可侵の基本的人権を保障
兵役，納税，（教育）	国民の義務	教育，勤労，納税
天皇に協賛する機関	国会	国の最高機関，唯一の立法機関
天皇を助けて政治を行う	内閣	〔　議院内閣　〕制
天皇の名において裁判	裁判所	司法権は独立

(1)日本国憲法の3つの原則

日本国憲法 …日本の最高法規である。

> 国の最高のきまり。すべての法律や命令に優先

日本国憲法は、国民主権・**基本的人権の尊重**・平和主義の3つが基本原則。

> 法の構成
> 憲法 …国の最高のきまり
> 法律 …国会が制定するきまり
> 命令 …内閣や省庁が定めるきまり

> 大日本帝国憲法では、主権は天皇にあった。

> **日本国憲法 前文・第1条**
> （前文）日本国民は 正当に選挙された国会における代表者を通じて行動し、……ここに主権が国民に存することを宣言し、この憲法を確定する。
> （第1条）天皇は、日本国の象徴であり日本国民統合の象徴であって、この地位は、主権の存する日本国民の総意に基く。

◉ 国民主権 …国の政治のあり方を最終的に決める権限（主権）を国民がもっていること。

→ 選挙や、選挙を通じて選ばれた代表者によって政治を行うことで、国民の意見を反映している。

= 間接民主 制（議会制民主主義、代議制）【11ページ】

→ 天皇は、日本国や日本国民統合の **象徴** である。【憲法前文・第1条】

…政治的な権限はもたず、国事行為のみを内閣の助言と承認に基づいて行う。
> 儀礼的・形式的な行為のみ

☆天皇の国事行為 ▶下の（ ）に言葉を入れましょう。

天皇 ─ 内閣の助言と承認 ─
- 〔 内閣総理大臣 〕の任命
- 〔 最高裁判所長官 〕の任命
- 憲法改正・法律・政令・条約の公布
- 国会の召集
- 衆議院の解散
- 総選挙の公示
- 栄典の授与 など

◉基本的人権の尊重 …人権とは人間が 生まれながら にしてもっている権利のこと。
憲法では、侵すことのできない 永久 の権利として保障している。【34ページ】

◉ 平和主義 …戦争を放棄し、世界の恒久平和のために努力すること。【32ページ】

> 戦争をしない　　軍隊をもたない
→ 憲法第 9 条で 戦争の放棄 ・戦力の不保持・交戦権の否認を定めている。
> 国家が戦争をする権利を認めない

> 第9条には、第二次世界大戦の反省から、2度と戦争を起こさないという決意があらわれている。

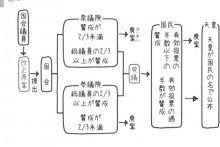

(2)憲法の改正

憲法は国の最高法規→憲法改正には厳しい手続きがある。
> 投票年齢は18歳以上

◉憲法改正には 国民投票 で有効投票の過半数の賛成が必要。

> 日本国憲法は、制定されてから1度も改正されたことがない（2021年4月現在）。

☆憲法改正の手続き

国会議員─改正原案─提出→国会

国会→
- 衆議院 賛成が2/3未満→廃案
- 総議員の2/3以上が賛成→発議
- 参議院 総議員の2/3以上が賛成→発議
- 賛成が2/3未満→廃案

発議→国民 賛成が有効投票の半数以下→廃案
賛成が有効投票の過半数→天皇 天皇が国民の名で公布

> **プロ**
> 国民（主権者）はせつさんにまかせる

---

(1)平和主義と憲法第9条

平和主義とは…世界の変わらぬ平和を求めていこうとする考えのこと。
→ 日本国憲法の前文と第 9 条で、徹底した平和主義を掲げる。【憲法第9条】

◉憲法第9条の内容
- ◆ 戦争 の放棄
- ◆ 交戦権 の否認
- ◆戦力の不保持

> **日本国憲法 第9条**
> ①日本国民は、正義と秩序を基調とする国際平和を誠実に希求し、国権の発動たる戦争と、武力による威嚇又は武力の行使は、国際紛争を解決する手段としては、永久にこれを放棄する。
> ②前項の目的を達するため、陸海空軍その他の戦力は、これを保持しない。国の交戦権は、これを認めない。

> **プロ**
> 苦情はなしよ平和にいこうよ

(2)自衛隊

> 韓国と北朝鮮の戦争
1950年、 朝鮮戦争 が起こる。

在日アメリカ軍が朝鮮戦争に送られたため、日本国内を守る組織が必要になった。
→ 1950年に警察予備隊ができ、保安隊をへて、1954年に 自衛隊 が発足。

◉自衛隊の役割…国土防衛、治安維持、災害救助など。
近年は国連の平和維持活動（PKO）に参加し、海外でも活動。

◉憲法第9条と自衛隊…自衛隊の存在が第9条に違反するかどうかの議論がある。

> 最高指揮権は内閣総理大臣がもつ（文民統制）

憲法違反とする主張	憲法に違反しないとする主張
主張3は第9条で禁じる戦力にあたる。 ×	主張3は自衛権があり、自衛隊は「自衛のための必要最小限度の実力」であるので、戦力にあたらない。

(3)日米安全保障条約

> 第二次世界大戦の講和条約
1951年、サンフランシスコ平和条約と同時に 日米安全保障（日米安保）条約 を結ぶ。
…1960年の改定で、日本が武力攻撃を受けたら、日本とアメリカが共同防衛することが決められた。
→ そのため、日本国内にアメリカ軍基地が設置されている。

(4)集団的自衛権

集団的自衛権とは…密接な関係にある国が攻撃された場合、自国が攻撃されていなくても密接な国とともに反撃する権利。

→ 2015年に限定的に集団的自衛権を認める法律が成立。

個別的自衛権　　　集団的自衛権

> 集団的自衛権行使のおもな条件
> ・日本の存立がおびやかされ、国民の生命や自由に明白な危険がある。
> ・ほかに国民を守る手段がない。
> ・必要最低限度の行使にとどめる。

> 沖縄の米軍基地…日本各地にある基地の面積の約70%が沖縄県に集中。

(5)非核三原則

第二次世界大戦中、広島と長崎へ 原子爆弾（原爆） が投下された。
→ 日本は世界で唯一の被爆国として、核兵器廃絶や軍縮を訴えていくことが望まれる。
日本は 非核三原則 を掲げている。
…核兵器を「持たず、つくらず、 持ちこませず 」。

> 非核三原則を打ち出した佐藤栄作元首相は、1974年にノーベル平和賞を受賞した。

もたず（核兵器をもたない）　つくらず（核兵器をつくらない）　もちこませず（核兵器のもちこみを言さない）

1)基本的人権

基本的人権とは…

◎人が生まれながらに当然もっている権利。憲法第11条

日本国憲法　第11条
国民は、すべての基本的人権の享有を妨げられない。この憲法が国民に保障する基本的人権は、侵すことのできない永久の権利として、現在及び将来の国民に与（あた）へ（え）られる。

◎不可侵の権利…国家の力で奪うことができない。

◎永久の権利…現在から将来にわたって保障されている。

ゴロ
基本的人権が保障されるのは
イイね！

→ 基本的人権は、 個人の尊重 の考え方に基づいている。
　　　　　　　　　一人ひとりをかけがえのない存在としてあつかう

基本的人権の内容
下の〔　〕に言葉を入れましょう。

〔 自由 〕権 …自由に生きるための権利	〔 社会 〕権 …人間らしく生きるための権利	人権を守るための権利・〔 参政 〕権・〔 請求権 〕など
法の下の平等（〔 平等 〕権）…等しく生きるための権利		
個人の尊重		

(2)基本的人権の制限

「自由とは、他人に害をあたえない限り、なにごともできるということである。（フランス人権宣言第4条）」
→ お互いの権利や自由を守るために調整をする必要がある。

公共の福祉 …大多数の人々の利益という意味。
憲法第12条

→ 公共の福祉に反する場合、個人の権利は法律によって制限されることがある！

(例)道幅が狭くて渋滞が多い道路の場合

日本国憲法　第12条
…国民は、これを濫用してはならないのであって、常に公共の福祉のためにこれを利用する責任を負ふ（う）。

(3)国民の義務

憲法には、権利のほかに国民の義務も定められている。

◆子どもに普通教育を受けさせる義務　◆勤労の義務

ゴロ
国民の義務は、
金曜日には、
農協へ

◆ 納税 の義務

---

1)平等権

平等権とは… 差別 を受けずに、だれもが同じあつかいを受ける権利。

◎法の下の平等 憲法第14条
　… 憲法 でだれもが平等であることが保障されている。

日本国憲法　第14条
①すべて国民は、法の下に平等であって、人種、信条、性別、社会的身分又は門地により、政治的、経済的又は社会的関係において、差別されない。

門地とは家がらのこと。

◎両性の本質的平等
　…結婚や家族に関することは、男女が平等に決める。

2)差別の克服

憲法で平等権を保障しているが、さまざまな差別や偏見がある。

◎男女平等
　◆男女雇用機会均等法 1986年施行
　◆男女共同参画社会基本法 1999年施行

雇用の面での男女差別を禁止

男女が対等な立場で活躍できる社会をめざす

男女に関わらず、仕事をしながら育児や介護が行えるように、育児・介護休業法が制定されている。37ページ

◎障がいのある人々への配慮
　→ バリアフリー 化が進められている。

◎部落差別
　…被差別部落の人に対する差別。同和問題ともいう。

最近は特定の民族に対するヘイトスピーチが問題になっている。

◎民族差別
　…アイヌの人々や、在日韓国・朝鮮人とその子孫、外国人労働者などへの差別が残る。

◎性の多様性 LGBTとよばれることもある
　…同性愛の人々や心と身体の性が一致しない人々などへの差別がある。

(3)自由権

自由権とは…国から制約を受けず、自由に活動する権利。

◎精神の自由…心の中の自由や、それを表現する自由。
　◆ 思想・良心 の自由　◆信教の自由　◆学問の自由

第二次世界大戦中は、政府に都合の悪いことが書かれた本を発行できなくしたり、その本を書いた人を逮捕したりすることもあった。

◆集会・結社・表現の自由

通信の秘密

◎身体の自由…正当な理由なく身体を拘束されない自由。
　◆奴隷的拘束および苦役からの自由　◆不当な逮捕からの自由

違法な捜査や尋問による取調べ、自白の強要などは行われない。

◆法定手続きの保障…法律の定める手続きによらなければ、生命や自由を奪われたり、刑罰に処されたりしない。

◎ 経済活動 の自由
　…経済的に安定した生活を送るために保障された自由。
　◆居住・移転・職業選択の自由　◆財産権の保障

経済活動の自由のうち財産権は、公共の福祉や、社会権の保障が確立する中で、制限されるようになった。37ページ

(1)社会権

社会権とは…だれもが人間らしい生活の保障を求める権利。

> 初めて社会権を規定したのは，20世紀のドイツで制定されたワイマール憲法である。

◎ 生存 権…健康で文化的な最低限度の生活を営む権利。
→ 国民の生存権を国が保障する，社会保障制度がある。 [18ページ]

日本国憲法 第25条
①すべて国民は，健康で文化的な最低限度の生活を営む権利を有する。②国は，すべての生活部面について，社会福祉，社会保障及び公衆衛生の向上及び増進に努めなければならない。

◎ 教育を受ける 権利
…憲法で定められており，義務教育 は無償である。

> 働くことは国民の権利でもあり，義務でもある。

◎ 勤労 の権利
…安定した生活を送れるように，定められている。

◎労働基本権（労働三権）
…経営者よりも弱い立場である労働者を守るための権利。
　◆ 団結 権　◆団体交渉権　◆団体行動権（争議権）

【労働組合】　【労使協議】　【ストライキ】
労働三権に基づいて，労働三法 が定められている。 [12ページ]
　◆ 労働基準法 …労働条件の最低基準などを定めた法律。
　◆労働組合法…労働者が労働組合を結成し，使用者と対等に交渉することを助けるための法律。
　◆労働関係調整法…労働争議の予防・解決のための法律。

(2)人権を守るための権利　−参政権−

参政 権とは…国民が直接，または代表者を通じて国の政治に参加する権利。

> 最近は選挙権を行使しない（投票に行かない）人が増え，選挙の投票率が低下している。

◎選挙権
…代表者を選挙で選ぶ権利。

◎被選挙権
…代表者として国民に選挙される資格（権利）。

 18歳以上

> その他，住民投票権，直接請求権，請願権なども参政権に含まれる。

◎国民審査… 最高裁判所 の裁判官がその職に適格かどうかを，国民が直接投票する権利。

◎国民投票… 憲法改正 の賛否を決めるために，国民投票を行う権利。

(3)人権を守るための権利　−請求権−

請求 権（国務請求権）とは…基本的人権が侵害されたとき，救済を求める権利。

◎ 裁判を受ける 権利…裁判所で裁判を受ける権利。

> 無罪の判決を受けた場合，身柄を拘束された日数に対して国に補償を請求できる。

◎国家賠償請求権…公務員の不法行為によって損害を受けた場合，その損害の賠償を国や地方公共団体に請求できる。

◎刑事補償請求権…抑留や拘禁をされた後に無罪だとわかった場合，国に対してその補償を求めることができる。

人権を守るためのしくみもつくられている。
…法務省の人権擁護局，各市町村の人権擁護委員など。

---

(1)新しい人権の登場

新しい人権とは…憲法に定められていないが，人々の意識が変わったことによって主張されるようになった権利。
→ 憲法第13条の幸福追求権が根拠。

> **なぜ？**
> 科学技術の発達によって工業化や情報化が進み，社会が急速に変わったから。

◎ 環境権
…人間らしい生活ができる環境を求める権利。

◎知る権利
…国や地方公共団体に，情報の公開を求める権利。

取り組み →環境基本法，環境アセスメント（環境影響評価）

取り組み →情報公開条例，情報公開法

◎ プライバシー の権利
…私生活をみだりに公表されない権利。

◎自己決定権
…個人が自分の生き方などについて自由に決定する権利。

> インフォームド・コンセント…病院などで，患者が医師から治療に関する十分な説明を受け，納得した上で同意（治療法を決定）すること。

近年，SNSの普及などによって，個人情報の流出や悪用が問題に。
取り組み →個人情報保護法
↓

取り組み →インフォームド・コンセント，臓器提供意思表示カード

人権に対する考え方は時代の流れにともない変化している。

(2)国際的な人権保障

人権の保障は，1つの国だけにとどまらず，国際社会の問題になっている。
→ 国際的に人権保護のための条約などが定められている。

> 人権を奪われて苦しんでいる人がいることを，自分の立場に置きかえて理解してみよう。

1948年	◆〔 世界人権宣言 〕…基本的人権の国際的模範を示す	第二次世界大戦後
1966年	◆国際人権規約…世界人権宣言の実現をめざすための条約	高度経済成長期
1979年	◆女子差別撤廃条約…政治・経済・社会などの分野で男女差別の撤廃を求める	日中平和友好条約のころ
1989年	◆子どもの権利条約（児童の権利条約）…子どもの権利を保障し，生きる権利や守られる権利などを定める	バブル経済

(3)国際的な取り組み

国際的な人権保障のために，各国だけでなくNGO（ 非政府組織 ）なども重要な役割を果たしている。

> NGOは，Non Governmental Organization の略。

NGOの種類
◎アムネスティ・インターナショナル
…政治犯の権利や自由を守る組織。世界人権宣言に基づいて活動をしている。

◎国境なき医師団
…国際的な人道・医療活動を行う。

1)個人の尊重と民主政治

民主政治とは… 民主主義 にもとづく政治。
└ ものごとをみんなで話し合って決めようとする考え
→ 国民全員が話し合いに参加するのが理想だが、現実には困難！
└ 直接民主制

そのため現在は多くの国で、 間接民主 制（議会制民主主義、代議制）がとられている。
…国民の代表者（議員）を選挙で選び，代表者が議会（国会）で話し合ってものごとを決める。

> 民主主義の原理を表す言葉に，「人民の，人民による，人民のための政治」がある。
> これは，アメリカ合衆国16代大統領リンカン（リンカーン）が南北戦争中に言った名言。

リンカン

2)日本の選挙のしくみ

主権者である国民は、選挙を通じて政治に参加している。

●選挙の4原則

◆ 普通 選挙…一定年齢以上のすべての人が選挙権をもつ。

◆ 秘密選挙…無記名で投票する。

満18歳以上

自分の名前は書かなくていいのね！

> 話し合っても意見が一致しない場合は、最終的には多数決で決定するが、少数意見の尊重も必要。

> 昔は納税額が多い男子だけに選挙権があった。1925年に満25歳以上の男子のみによる普通選挙、1945年に満20歳以上の男女による普通選挙が実現した。2016年に満18歳以上の男女に引き下げられた。

◆ 平等選挙…1人が1票をもつ。1票の価値が平等。

◆ 直接 選挙…直接候補者に投票。

当選してほしいから10票投票するぞ！！
ダメ！

○○候補者にしろよ！

公職選挙法は、選挙のしくみについて定めている。

◆選挙権… 満18歳 以上の日本国民に保障されている権利。

◆被選挙権…選挙で立候補できる権利。

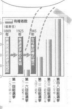
★選挙権の拡大
2016年から、これまでの満20歳から満18歳に引き下げられた。

被選挙権の年齢
下の（ ）の中に言葉を入れましょう。

	国　会		地方公共団体			
	衆議院議員	参議院議員	都道府県		市（区）町村	
			知事	議員	市（区）町村長	議員
被選挙権	満（ 25 ）歳以上	満（ 30 ）歳以上		満（ 25 ）歳以上		

ゴロ
知事さん 30歳、
その他は満25歳以上

(3)小選挙区制と比例代表制

◎ 小選挙区 制…1つの選挙区から1人の代表者を選ぶ。
特徴 死票が多くなる。大政党に有利で政権が安定。
└ 落選者に投じられた票

● 大選挙区制…1つの選挙区から2人以上の代表者を選ぶ。

◎ 比例代表 制…各政党の得票率に応じて議席を配分。
特徴 死票が少ない。政権が不安定になりやすい。

◆衆議院議員選挙…小選挙区制と比例代表制を組み合わせた，小選挙区比例代表並立 制を採用。

◆参議院議員選挙…選挙区選挙と比例代表制を採用。
選挙区選挙 １つまたは２つの都道府県を１つの選挙区とし，各区から１回に１～６人の代表者を選ぶ。

小選挙区制と比例代表制

(4)選挙をめぐる問題

一票の格差…選挙区によって1票の価値が不平等である。

> なぜ！
> 過疎・過密により人口分布のかたよりがあり、有権者数と議員定数の割合が選挙区によって違うため。

投票率の低下…若者を中心に選挙に行かない人が増加。
→ 対策…期日前投票など。
└ 投票日に行けない場合、前もって投票できる制度

> なぜ！
> 政治への不信、無力感、興味のうすれがあるため。

---

1)国民の政治参加と世論

世論 …政治や社会の問題に対する国民の意見のまとまり。
マスメディア を通じて形成される。
└ 新聞、テレビ、ラジオなど、多数の人に大量の情報を届けるもの

問題点 マスメディアの情報の中には、正しくない情報や偏った情報もある。
→ マスメディアの情報をうのみにせず、正しい情報を選び、活用する能力（メディアリテラシー）が必要。

> 人々は自分の意見をまとめる際、マスメディアを通じて得た情報を参考にする。また、マスメディアが世論調査を行うなど、国民の意見を政治に反映させる上で大きな役割を果たしている。

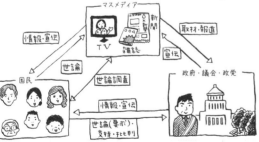

(2)政党の役割

政党 …政治について同じ考えをもつ人が集まり、政策を実現するためにつくる団体。

◎役割…国民の意見や要望をまとめ、政治に反映させる。政治の情報を国民に提供する。

> 公約…政党や候補者が、選挙のときに国民に対して行う政策などの約束。

◎活動…公約を示し、具体的な数値目標などを明らかにした政党公約（マニフェスト）をつくり、支持を集める。
→ 選挙で多くの候補者を当選させる
議席を多く確保し、政策の実現をめざす。

> 政権公約（マニフェスト）…政党が政権を担当した場合に実施する政策について、数値目標や期限、財源などを明らかにした公約。

政党には、 与党 と野党がある。

◎与党…議会で多くの議席を占め、内閣を組織し、政権を担当する。

◎野党…与党以外の政党。
→ 内閣や与党の政策を批判したり、与党の行動を監視したりする。

★政党と国民の関係

(3)政党政治とその問題点

国会が政党を中心に運営される政治を、 政党政治 という。

◻二党制…議会の議席の大部分を2大政党が占める。
└ 二大政党制ともいう。イギリスなど

◻多党制…議会の議席を3つ以上の政党が占める。

内閣は、政党を中心に組織される。

◎単独政権
…議会で第一党となった政党だけでつくる場合。

内閣総理大臣
A党
内閣

◎ 連立政権 （連立内閣）
…2つ以上の政党が協力して政権を担当する場合。

協力し合おう
内閣

〈政治腐敗〉

政党の活動や選挙には、多額の資金が必要。
そのため、政治腐敗を生むこともある。
→ 対策 政治献金を法律で厳しく制限している。

(1)国会の地位と二院制

国会とは？ 憲法第41条

◎**国権の最高機関**…国の最高の意思決定機関である。

◎唯一の **立法** 機関…法律を制定するのは国会だけ。

◎**国民の代表機関**…選挙で選ばれた国会議員が議論をする。

日本の国会は **衆議** 院と参議院で構成＝ **二院(両院)** 制。

> 日本国憲法 第41条
> 国会は、国権の最高機関であっ
> て、国の唯一の立法機関である

> なぜ？
> ①衆議院の行き過ぎを参議院で抑制できる。
> ②2つの議院で審議することで、慎重に検討ができる。

衆議院と参議院の違い
下の[　]の中に言葉を入れましょう。

	衆議院	参議院
議員定数	465名（小選挙区289人 比例代表176人）	248名※（選挙区148人 比例代表100人）
任期	4年（[解散]がある）	6年（3年ごとに半数改選）
被選挙権	満[25]歳以上	満[30]歳以上

[任期が短い]
[解散がない]

※2022年の参議院議員選挙から248名となる。 ゴロ

> 30日以内
> 解散されると
> 特別会

国会の種類と緊急集会
下の[　]の中に言葉を入れましょう。

	召集・会期・主要な議題
常会（通常国会）	毎年[1]回，1月中に召集。会期は150日。次年度の[予算]の議決が中心。
[特別会]（特別国会）	衆議院解散後の総選挙の日から[30]日以内に召集。[内閣総理大臣]の指名の議決を行う。
臨時会（臨時国会）	内閣か，どちらかの議院の総議員の[4分の1]以上の要求があったときに召集。
参議院の緊急集会	衆議院の解散中，内閣の求めで召集。

(2)衆議院の優越

参議院にくらべて，衆議院は任期が **短く**，**解散** もある。
→ 国民の意見をより反映しやすい。
衆議院のほうが強い権限があたえられている＝ **衆議院の優越**

> 衆議院の解散とは、任期の前にすべての衆議院議員の資格を失わせること。
> →選挙が行われる。

衆議院の優越

◎**法律案の議決**
異なる議決をした場合…
→ 衆議院で出席議員の **3分の2** 以上の賛成で再び可決すれば法律となる。

◎**予算の議決・条約の承認・内閣総理大臣の指名**
◆参議院が異なる議決をした場合…
＊ **両院協議会** を開いても意見が一致しないとき
◆決められた期間内に参議院が議決しない場合…
→ 衆議院の議決が国会の議決となる。

> 両院協議会は、衆議院と参議院の意見が一致しないときに、調整をはかる機関。

◎**予算** の先議権…予算は，必ず先に衆議院に提出する。
◎**内閣信任・不信任の決議権**…衆議院のみできる。

> なぜ？
> 総選挙によって国民の意見を問い、国会に世論を反映させるため。

(3)衆議院の解散

衆議院は，任期が満了する前に，**解散** によって議員全員が資格を失うことがある。

解散が行われる場合

衆議院が内閣不信任案を可決 or 内閣信任案を否決したとき。
↓
10 日以内に内閣が総辞職しない場合，衆議院を解散しなければならない。
↓
衆議院の解散後 **40** 日以内に衆議院議員総選挙が行われ，総選挙の日から **30** 日以内に特別会が召集される。
→ 内閣は総辞職，新たな内閣総理大臣を指名する。

(1)憲法で定められた国会の仕事

◎ **法律** の制定(立法)
…法律案を審議し，議決する。

◆**法律ができるまで**
内閣か国会議員により，国会に法律案が提出される。

> 法律案の審議は、衆議院と参議院に分かれて行われる。先にどちらか一方の議院が審議・議決したのち、もう一方の議院へおくられる。

まずは…
衆議院 もしくは 参議院

委員会…国会議員がつくる集まり。
常任委員会と特別委員会がある。
常設　特別…必要のあるときのみ

公聴会 ※公聴会は開かれないときもある

> 公聴会は、審議案件について利害関係にある人や専門家をよんで意見を聞く会。重要議案を審議するときに開かれ、予算審議のときには必ず開かれる。

つづいて…
本会議…衆・参各議院の総議員で構成される集まり。
（可決）
次の議院へ

もう一方の議院でも可決されると，その法律は成立。

国民に公布 天皇により公布される。

◎ **予算** の審議・議決
…内閣が予算をつくり，**衆議院** へ提出。→49ページ
予算は必ず衆議院に先に提出される。

衆議院		参議院	
委員会		委員会	
公聴会	→	公聴会	→ 成立
本会議（可決）		本会議（可決）	

> 予算の審議では、必ず公聴会を開く。

◎ **憲法** 改正の発議
…各議院の総議員の3分の2以上の賛成で発議。

◎ **内閣総理大臣** の指名
…国会議員の中から内閣総理大臣を指名。

◎ **条約** の承認
…内閣が外国と結んだ条約を承認する。

◎ **弾劾裁判所** の設置
…訴えのあった裁判官をやめさせるかどうかを決める。

(2)各議院の権限

◎両議院に認められている権限
国政調査権…国の政治がどのように行われているかを調べる権限。
◎衆議院だけに認められている権限
… **予算** の先議権，内閣信任・不信任の決議権。

(3)会議の原則

◎**定足数**…国会で表決をするために必要な議員の出席者数。
◆本会議…総議員の3分の1以上。
◆委員会…その委員会の委員の半数以上。

◎**表決** 本会議や委員会で賛成・反対を決定すること
◆一般表決…出席議員の過半数の賛成で可決。
◆特別表決…憲法で決められている。

◎**会議公開の原則**…傍聴や報道の自由，会議録の公開など。
会議での話し合いをそばで聞くこと

> ゴロ
> 本会議 総議員
> 本当においしそうな
> 3分の1
> サンドイッチ

> なぜ？
> 国会の動きを国民の監視下におくため。

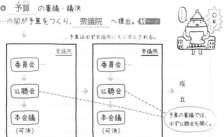

1)内閣のしくみ

国会が定めた法律や予算に基づいて，実際に国の政治を行うことを行政という。
↓
内閣 は最高の行政機関。

内閣は，内閣総理大臣とその他の 国務大臣 で構成される。

◉ 内閣総理大臣 （首相）
…国会議員であり，国会の指名に基づいて
天皇 が任命する。

　◆ 国務大臣 を任命・罷免する。やめさせること
　◆国務大臣を集めて 閣議 を開く。内閣の方針を決める

◉ 国務大臣
…内閣総理大臣が任命する。過半数は 国会議員 でなければならない。
→ 多くは各省庁の責任者となって，省庁内を指揮・監督する。

与党の党首がなることが一般的。

閣議には内閣総理大臣とすべての国務大臣が参加。議決は全会一致が原則。

全員が国会議員でなくてもよい。

「内閣ができるまで」
①内閣総理大臣は国会議員の中から指名される
②指名された内閣総理大臣は，さあ内閣をつくろう
③国務大臣を任命し，内閣を組織。まみが○○大臣になってくれ

2)議院内閣制

議院内閣 制とは…内閣が国会の信任の上に成立し，国会に連帯して責任を負うしくみ。

日本は議院内閣制を採用している。

議員内閣制と書きまちがえないように注意！

日本の議院内閣制

◎内閣は 国会 から誕生する。
…内閣総理大臣は国会議員の中から，国会の議決で指名される。
…国務大臣の過半数は国会議員。

◎国会の信任の上に成立している。
…衆議院で，内閣不信任の決議 が可決されれば，内閣は衆議院を解散するか，総辞職する。
　→ 内閣は国会に対して連帯責任を負っている。

議院内閣制は，18世紀のイギリスで確立した。現在，イギリスも議院内閣制をとっている。アメリカは大統領制。→60ページ

大切　内閣は国会から生まれ，国会の信任によって成り立っているため。

国会と内閣の関係
下の（　）の中に言葉を入れましょう。

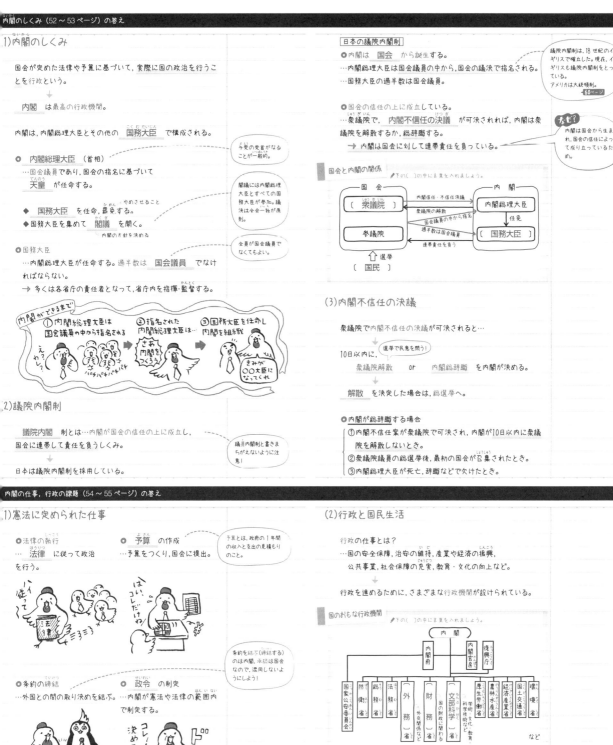

国会
〔 衆議院 〕
〔 参議院 〕

内閣信任・不信任の決議
衆議院の解散
国会議員の中から指名
過半数は国会議員
連帯責任を負う

内閣
内閣総理大臣
任免
〔 国務大臣 〕

↑選挙
〔 国民 〕

(3)内閣不信任の決議

衆議院で内閣不信任の決議が可決されると…
↓
10日以内に，選挙で民意を問う！
衆議院解散 or 内閣総辞職 を内閣が決める。
↓
解散 を決定した場合は，総選挙へ。

◎内閣が総辞職する場合
①内閣不信任案が衆議院で可決され，内閣が10日以内に衆議院を解散しないとき。
②衆議院議員の総選挙後，最初の国会が召集されたとき。
③内閣総理大臣が死亡，辞職などで欠けたとき。

---

1)憲法に定められた仕事

◉法律の執行
… 法律 に従って政治を行う。

◉ 予算 の作成
…予算をつくり，国会に提出。

予算とは，政府の1年間の収入と支出の見積もりのこと。

◉条約の締結
…外国との間の取り決めを結ぶ。

◉ 政令 の制定
…内閣が憲法や法律の範囲内で制定する。

条約を結ぶ（締結する）のは内閣，承認は国会なので，混同しないようにしよう！

*プロ　内閣の仕事
予算の作成 上 → 正
法律の執行 題は → 堂*

◉天皇の国事行為への
助言 と 承認

◉最高裁判所長官の指名，その他の裁判官の任命

最高裁判所長官は，内閣が指名する。任命するのは天皇。→19ページ

(2)行政と国民生活

行政の仕事とは？
…国の安全保障，治安の維持，産業や経済の振興，公共事業，社会保障の充実，教育・文化の向上など。

行政を進めるために，さまざまな行政機関が設けられている。

国のおもな行政機関
下の（　）の中に言葉を入れましょう。

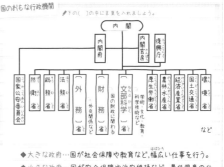

内閣
　内閣府
　内閣官房
　復興庁

国家公安委員会
防衛省
総務省
法務省
外務省（外交関係の）
財務省（国の財政に関する）
文部科学省（教育・文化・科学技術に関する）
厚生労働省
農林水産省
経済産業省
国土交通省
環境省
など

◆大きな政府…国が社会保障や教育など，幅広い仕事を行う。
◆小さな政府…国が安全保障や治安維持など，最低限度の仕事を行う。

◎行政改革
行政の仕事が拡大して，さまざまな弊害が出た。
→ 行政の合理化・効率化をめざす 行政改革 が進められている。
例 省庁再編成，規制緩和，事業の民営化など

*規制緩和の例
・コンビニでの薬の販売
・電力の小売り全面自由化
・農地の解禁*

(3)行政機関と公務員

国や地方公共団体の公務に携わる人々を，公務員 という。
→ 国家公務員と地方公務員がある。
…憲法第15条は，「すべて公務員は，全体の奉仕者であって，一部の奉仕者ではない。」と定めている。

警察官や公立中学校の先生も公務員だよ。

(1)司法権と裁判所

法律に基づいて争いごとを解決することを __裁判__ 、
または司法という。
↓
司法権は __最高裁判所__ と下級裁判所だけがもつ、憲法で定められている。

◎ **最高裁判所**
＞最高裁判所は全国に1か所しかない。

◆ 司法権の最高機関。

◆ 日本で唯一の終審裁判所。
＞裁判の最終的な判断を下す裁判所

◆ 最高裁判所長官と14人の最高裁判所裁判官で構成。

◆ 下級裁判所…最高裁判所以外の裁判所のこと。

※裁判所のしくみ

下級裁判所の種類 ✐下の〔 〕の中に言葉を入れましょう。

種類	地位	数
〔 高等裁判所 〕	最上位の下級裁判所 おもに第二審をあつかう	全国8か所
地方裁判所	おもに第一審をあつかう	全国50か所
家庭裁判所	家事事件や少年事件をあつかう	
簡易裁判所	軽い事件をすみやかに処理	全国438か所

(2)司法権の独立

＞裁判を公正に行うため。

司法権の独立…裁判所や裁判官が他の権力から、圧力や干渉を
受けないこと。

日本国憲法　第76条
③すべて裁判官は、その良心に従ひ独立してその職権を行ひ(ひい)、この憲法及び法律にのみ拘束される。

裁判官は自己の良心に従い、憲法と法律のみに拘束される。 **憲法第76条**
→ 司法権の独立のためには、裁判官の身分の保障が必要。

◎裁判官の身分の保障

裁判官は次の場合以外の理由でやめさせられることはない。

①心身の故障…病気などのために仕事を続けられないと
裁判で決定されたとき。

② 公 の弾劾…　__弾劾裁判所__ で罷免の宣告があったとき。
＞やめさせられること

③ __国民審査__ …最高裁判所の裁判官に対する信任投票。→[39ページ]

◎裁判官の任命

◆ 最高裁判所長官… __内閣__ が指名し、天皇が任命する。
◆ その他の裁判官…内閣が任命する。

(3)三審制

＞三審制のしくみ

三審制 とは…判決に不服がある場合、
3回まで裁判を受けられるしくみ。
→ 慎重に裁判を進めることで、誤りを防ぐ。

民事裁判・刑事裁判によって、どこに控訴・上告するかが決められている。

◎控訴…第一審の判決が不服だったとき、上の裁判所に訴えること。
◆ 民事裁判…すぐ上の裁判所に控訴する。
◆ 刑事裁判…控訴はすべて高等裁判所に行う。

第一審の判決に対する不服の訴えが控訴、第二審に対する不服の訴えが上告。混同しないようにしよう！

◎上告…第二審の判決が不服だったとき、上の裁判所に訴えること。
→ 多くの場合、最高裁判所になる。

(1)裁判の種類

◎ __民事__ 裁判…個人や企業の利害の対立、権利・義務の争いを解決するための裁判。
→ 民法や商法などから、どちらの言い分が正しいか判断する。

裁判には法律的な知識が必要になるので、原告も被告も弁護士を訴訟代理人として依頼するのが普通。

◆ 原告…裁判所に訴えた人。
◆ 被告 …裁判所に訴えられた人。
→ 原告が被告を訴えることで始まる。

★一般に、弁護士が訴訟代理人になる。

＊国や地方公共団体を訴える行政裁判もある。

◎ __刑事__ 裁判…罪をおかしたと疑われる者に対して、罪があるかどうか、どのくらいの罪にするかを決める。

犯罪の事実の発見や、被害者などからの訴えがあると、警察官は犯人逮捕を目的とした捜査を行う権限の上で、犯罪容疑が明らかかと判断した場合、検察官が起訴する。

警察官が逮捕した被疑者を、__検察官__ が裁判所に __起訴__ することで始まる。
→ 起訴された被疑者を __被告人__ という。

★被告人は弁護人(弁護士)を依頼できる

(2)刑事裁判と人権の保障

刑事事件では、捜査・逮捕の段階において、人権を保障。

◎令状主義…裁判官の出す逮捕令状がなければ、逮捕されない。現行犯は例外。

◎ __黙秘権__ の保障…被疑者は取り調べのときに、自分に不利となる供述は強要されない。

◎拷問の禁止…自白を強要し暴行を加えられた場合、その自白は証拠にならない。

証拠主義…犯罪を証明する証拠がない場合、自白のみでは有罪とされない。「疑わしきは罰せず」が原則。

(3)司法制度改革

司法を国民の身近なものにするため、__司法制度改革__ が進められている。

なぜ?
国民の視点や感覚が裁判に反映されることで、より公平な裁判になることをめざすため。国民の司法に対する理解が深まり、信頼が高まることを期待するため。

　2009年から実施
◎ __裁判員制度__ の導入
…国民が、刑事裁判に参加して
裁判官とともに被告人の有罪・無罪などの判断をする。

裁判員制度による裁判の手続き ✐下の〔 〕の中に言葉を入れましょう。

起訴 → 公判前整理手続き／裁判員の選任 → 審理 → 評議・評決 → 判決

●裁判員は、満20歳以上の国民の中から〔 くじ 〕で選ばれ、原則として辞退できない。
●〔 刑事 〕裁判に参加し、被告人が有罪か無罪か、また有罪の場合は科す刑を決める。
●参加する裁判は、殺人など、重大な犯罪事件の第一審が対象。

◎ その他…法科大学院や日本司法支援センター（法テラス）の設置など。

1)三権分立のしくみ

三権分立の「三権」とは？

① 立法権…法律を制定する権限。
→ 国会 がもつ。 48ページ

② 行政 権…法律に従って政治を行う権限。
→ 内閣がもつ。 72ページ

③司法権…法律に従って社会の秩序を守る権限。
→ 裁判所 がもつ。 76ページ

なぜ？
権力の濫用を防ぎ，国民の権利を守るため。18世紀，モンテスキューが唱えたのが始まり。 78ページ

国家権力を3つに分割して，独立した機関に分担させ，お互いに抑制させる＝三権分立。

三権分立には2つの形がある。
◎大統領制 → アメリカなど。
特色…厳格な三権分立。

◎議院内閣制 → 日本やイギリスなど。
特色…議会優位型の三権分立。
→ 内閣は国会の信任により成立する。

★ アメリカの大統領制

日本の三権分立のしくみ ▶下の〔 〕の中に言葉を入れましょう。

〔 国会 〕
●内閣総理大臣の指名
●内閣不信任の決議
立法権

〔 内閣 〕
行政権

〔 裁判所 〕
司法権

●最高裁判所長官の指名
●その他の裁判官の任命

命令・規則・処分の違憲審査

◎ 違憲審査権 （違憲立法審査権，法令審査権）
…国会でつくられた法律や，内閣が行った命令・規則・処分などが憲法に違反していないかを判断する権限。
→ 最高裁判所は，憲法の番人 とよばれる。

なぜ？
すべての裁判所に違憲審査権があるが，最高裁判所が最終的な決定権をもつから。

◎国民の役割は？
→ 国会には 選挙 で，内閣には 世論 で，裁判所には 34ページ 国民審査で，三権を監視している。

(2)地方自治のしくみ

住民自らが自分たちのくらす地域の政治を行うことを，地方自治 という。
→ 住民が身近に民主主義を体験できることから「民主主義の学校 」とよばれる。
地方自治を行う都道府県や市（区）町村を 地方公共団体 という。 ←地方自治体とも

★地方公共団体のしくみ

◎地方議会 ←地方議会は一院制
… 条例 の制定，予算の議決を行う。
◎執行機関
首長 …都道府県知事，市（区）町村長
補佐役…副知事，副市（区）町村長

条例とは，地方議会が法律の範囲内で定める，その地方公共団体のみに適用されるきまり。

地方選挙の選挙権と被選挙権 ▶下の〔 〕の中に言葉を入れましょう。

首長と地方議会の議員は住民の直接選挙で選ばれるため，対等の関係。地方議会は首長の不信任の決議，首長は議会の解散権をもつ。

	選挙権	被選挙権	任期
議員	満18歳以上 直接選挙	満（ 25 ）歳以上	4年
首長	満18歳以上 直接選挙	市（区）町村長 満25歳以上 都道府県知事 満（ 30 ）歳以上	4年

知事だけ30歳，そのほかは25歳！

(1)地方財政の歳入と歳出

地方財政とは，地方公共団体の経済活動。
＝地方公共団体の歳入と歳出のこと。
　　　　　　収入のこと　　支出のこと

地方公共団体は，住民の生活に密着したさまざまな仕事を行っている。土木や建設，水道やバス事業などの経営，また警察や消防の仕事，学校の運営など。

歳入の種類 ▶下の〔 〕の中に言葉を入れましょう。

自主財源	依存財源		
〔 地方 〕税 （住民からの税金など）	地方債 （借金）	〔 国庫支出金 〕 （国が使い道を指定）	〔 地方交付税交付金 〕 （地方財政の格差を減らすために国が支出）

↓

地方公共団体の歳入

(2)地方自治の課題

◎地方財政の健全化
地方税などの自主財源が少なく，国庫支出金や地方交付税交付金などの依存財源に頼る地方公共団体が多い。

市町村合併などによって，仕事の効率化と財源の安定をはかった。

◎ 地方分権 の推進
…国に集中している権限や財源を，地方公共団体へ移し，地方の政治の力を強める努力がされている。

地方分権を進めるため，1999年に地方分権一括法が制定された。

◎人口減少への対策
都市への人口流出により，人口が減少する地方公共団体が増加。
→ 子育て支援や雇用の創出などによって人口の流出を防ぐ。

★地方財政の内わけ（2020年度版「日本国勢図会」ほか）

2020年度計画
国の歳出 国からの補助や交付
地方税 44.7% 地方債 10.1% 国庫支出金 その他
18.5→

(2018年度決算)
民生費 26.2% 教育費 17.2 公債費 12.6 土木費 12.1 その他 31.9

社会福祉にあてる費用など。
学校教育のための費用など。

(3)住民の権利

地方自治では，住民が直接政治に参加して意思表示できる。
↓
直接請求 権や 住民投票 の権利が認められている。

新しい条例をつくってほしい

◎直接請求…地域住民の一定数の署名をもって，首長や選挙管理委員会などに対して行う請求。

直接請求の種類とその内容 ▶下の〔 〕の中に言葉を入れましょう。

直接請求		法定署名数	請求先	請求の効果
〔 条例 〕の制定・改廃の請求		有権者の 〔 50分の1 〕 以上	首長	首長が地方議会に付議→結果公表
監査請求			監査委員	請求事項を監査→結果公表・報告
解職請求	首長・議員	有権者の 〔 3分の1 〕 以上 ※有権者数が40万人以下の場合	選挙管理委員会	〔 住民投票 〕 →過半数の同意があれば職を失う
	その他の役職員		首長	首長が地方議会に付議→3分の2以上出席→4分の3以上の同意で職を失う
議会の解散請求			選挙管理委員会	住民投票→過半数の同意があれば解散

人の地位や職を奪う請求の場合には，3分の1以上という，より厳しい条件がつけられている。

◎住民投票…地域の重要問題について，住民が直接賛否を示す投票。

(4)住民の参加

◎住民運動…新しい地域づくりへの取り組み，非営利組織（NPO）などによる自然環境保護や社会福祉に関するボランティア活動など。

(1) 家計の収入と支出

家庭での経済活動のこと

家庭では，仕事について収入（ 所得 ）を得て，税金を
納め，食料など必要なものを買う（ 支出 ）などの経済
活動が行われている。

● 収入（所得）の種類…給与収入，事業収入，財産収入
● 支出の種類

◆ 消費 支出
…生活に不可欠なもの

◆ 非消費支出
…義務的なもの

◆ 貯蓄
…将来に備える
ためのもの

交通・通信費

税金や
社会保険料など

残りは貯蓄

駐車場代など

> 消費の内わけの変化
> ・交通・通信費の割合が
> 増えた。

> 欲しい量に対して，財やサービスが不足している状態を希少性という。
> 例 金やダイヤモンドは量が少ないが，欲しい人が多い＝希少性が高い

家計と企業・政府の間には，お金が仲立ちとなって，
もの（財）やサービスが流れている＝経済の循環。

> サービスとは…
> 生活に必要な形のないもの。医療・運輸・教育・美容院でのカットなど。

(2) 経済の3つの主体

○ 家計 …消費の主体。労働力を提供。
○ 企業 …生産の主体。財やサービスを提供。**10ページ**
○ 政府 …財政を通じて経済活動を行う。

経済の循環 ▶下の〔 〕の中に言葉を入れましょう。

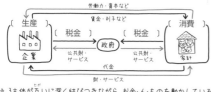

→ 3主体が互いに深く結びつきながら，お金・人・ものを動かしている。

(3) 消費者問題と消費者の権利

商品の購入などをめぐって　消費者問題が発生
・誇大広告や，キャッチセールスなどの悪質商法でのトラブル

↓

消費者主権の考えが広まる。

～消費者の4つの権利～

① 安全 を求める権利　安全である権利
② 知らされる権利　知る権利
③ 選択する（選ぶ） 権利　選択の機会の確保
④ 意見を反映させる権利　意見が反映される権利

> 消費者主権とは…
> 消費者が自分の意思と判断で商品を購入するという考え方。

消費者を保護するためにいろいろな対策が行われている。

↓　頭を冷やして考え直すという意味

● クーリング・オフ 制度
…商品を購入したあと，一定期間内であれば，
その契約を無条件で解約できる。

> 契約書面交付の日から，訪問販売は8日間，マルチ商法は20日間

● 消費者契約法の制定
…事業者の不当な勧誘があった場合などに契約を取り消せる。

消費者保護基本法を改正

● 消費者基本法の制定
…消費者を守るための企業と行政の責任を定める。

消費者からの苦情・相談を受けつける機関を設置。
◆ 国民生活センターや消費生活センターの設置。
地方公共団体の機関

● 製造物責任（PL） 法の制定
…製品の欠陥で消費者が被害を受けた場合，企業に
過失がなくても，被害の救済を求めることができる。

> 消費者には権利とともに責任もあることを忘れない。買い物をするときには…
> ◆商品に関する情報を収集。
> ◆本当に必要なものかを考える。
> ◆契約を結ぶときは慎重に。

2009年に設置

○ 消費者 庁の設置…消費者行政をまとめて取りあつかう。

---

(1) 流通のしくみ

流通 …商品が生産者から消費者に届くまでの流れ。
→ 流通にたずさわり，商品を売買する仕事を商業という。
◆卸売業…生産者から商品を仕入れ，小売業者に売る。
◆小売業…卸売業者から仕入れた商品を消費者に売る。
・デパート，スーパーマーケット，コンビニエンスストアなど

近年，流通のしくみを簡単にして，流通にかかる費用を抑える
流通の合理化が進められている。
例 直接仕入れ，インターネット・ショッピング，POSシステム

> ほかに流通関連の仕事として，運送業や倉庫業，広告業などがある。

商品が生産者から消費者に届くまで ▶下の〔 〕の中に言葉を入れましょう。

(2) 貨幣の役割

商品を買うときに使うお金を　貨幣　という。

● 貨幣のはたらき
◆価値の尺度…商品の価値をはかる尺度（ものさし）。
◆交換の手段…商品の交換の仲立ちをする。
◆価値の保存…銀行に預けたりして価値を保存できる。

● 支払い方法の多様化
◆クレジットカード…商品の代金をカード発行会社が支払
い，後日，消費者に請求するしくみ。
◆ 電子マネー …貨幣価値をもたせたデジタルデータ。
・ICカードや携帯電話などで使える

> クレジットカードや電子マネーは，お金を使いすぎてしまうおそれも。収入と支出のバランスを考える必要がある。

(3) 市場経済と価格のはたらき

商品が売り買いされる場
市場で自由に商品の売り買いが行われ，
価格が決定される経済のしくみを 市場経済 という。

商品が売り買いされるときの価格
○ 市場価格 は需要量と供給量の関係で決まる。
◆ 需要 量…消費者が買おうとする量。
◆ 供給 量…生産者が売ろうとする量。
→ 2つのつり合いがとれたときの価格を 均衡価格 という。

> 需要量と供給量と価格の関係

価格の変化のしくみ ▶下の〔 〕の中に言葉を入れましょう。

需要量 ＞ 供給量
ほしい！
価格は〔 上 〕がる
もうかるからたくさん売ろう
届くて買えない
需要量 は減る　供給量 は増える

需要量 ＜ 供給量
安ければ買ってもいいんだけど
価格は〔 下 〕がる
売ってももうからない
安いならほしい
需要量 は増える　供給量 は減る

● 特別な価格
◆ 独占価格 …一つの企業が一方的に決める価格。
◆ 公共料金 …国民の生活にかかわりの深い，鉄道やバス
の運賃，電気・ガス・水道料金などの価格。

> 消費者の不利益になることが多いので，独占禁止法が制定され，違反がないか，公正取引委員会が監視している。
> **27ページ**

> 国や地方公共団体が決定したり認可したりする。

(4) 物価とインフレ

いろいろな商品やサービスの価格をまとめて平均化したもの

○ インフレーション（インフレ）
…物価が継続的に上がること。
→ 貨幣の価値が下がる。

○ デフレーション（デフレ） …物価が継続的に下がること。
→ 貨幣の価値が上がり，企業の倒産が増える。
→ デフレが繰り返されることをデフレスパイラルという。

> なぜ？
> 商品の価格が下がるので企業の利益が減少するから。失業者も増える。

1) 生産のしくみ

企業 は，専門的・組織的に生産を行っている。
（財（もの）やサービスをつくりだすこと）

◆企業の種類（公共の利益を目的とする）
- ◆ **公企業** …国や地方公共団体などが経営する。
  - → 水道局，都営バス，公立病院など。
- ◆ **私企業** …利潤を目的に民間が経営する。
  - → ものをつくる企業，ものを売る企業など。
  （工場など）（コンビニなど）

> ほかに，運送業などのサービスを売る企業もある。

◆株式会社のしくみ（代表的な法人企業）
- ◆ **株式会社** は，**株式** を発行して資金を集め，その資金を資本として生産や販売などを行う会社。
  （利潤を生みだすもととなる資金を資本という）
- ◆ 株式を買った人（出資者）を株主といい，もっている株式数に応じて **配当** を受ける。
  （利潤の分配）
- ⇨会社が倒産すると，株主は出資額の範囲内で損失を負担。
  （有限責任という）
- ◆ **株主総会** …株式会社の最高の議決機関。
  - → 役員の選出や経営方針などに関する議決を行う。

> 一定の条件を満たした企業の株式は，証券取引所などで自由に売買され，株主は，いつでも株式を売買できる。

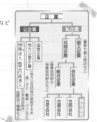
★企業の種類

株式会社の生産のしくみ 下の［　］の中に言葉を入れましょう。

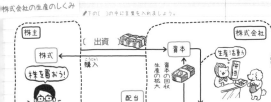

- 〔 出資 〕
- 株式
- 購入（こうにゅう）
- 株を買おう！
- 資本
- 生産活動
- 資本の回収
- 生産の拡大
- 〔 配当 〕
- 〔 利潤 〕

(2) 企業の競争と独占

◆企業どうしは，市場で **競争** しあっている。
- → ライバルに勝つため，より良い商品をより安く提供することをめざす。
  - → 企業間の競争は，**消費者** にとって利益になる。

> 競争がなくなるのは…
> ◆競争に勝つために企業どうしが合併する。
> ◆競争に敗れた企業が倒産し，強い企業が残るなどの場合。

◆競争がなくなると…
- → ある産業にかかわる企業が1つまたは，少数で独占！（独占という）
  - → 生産の集中 → **消費者** にとって不利益になる。

> **なぜ？**
> 企業はより良い商品の開発や，値下げをしなくなるから。
> →さらに…
> 企業どうしが，不当に高い価格を決めるための協定（カルテル）を結ぶこともある。

◆企業間の自由競争をうながし，消費者の利益を守るため，独占禁止法を定め，**公正取引委員会** が監視。（国の行政機関）

(3) 中小企業の役割と課題

企業には大企業と，**中小企業** がある。
（全事業所数の約99%を占める！）

> 従業員300人以下，または資本金3億円以下の企業（製造業の場合）のこと。

◆中小企業の従業員数は約7割，出荷額は約半分しかない。
- → 大企業にくらべて，利潤が少なく賃金が安い。
- → **生産性** が低い。（労働条件が悪い）
  （設備投資が劣るため）

◆大企業の下請けが多い。
- → 不況になると受注が減り，倒産が増える。

◆独自の技術やアイディアをいかした企業である **ベンチャー企業** もある。
（技術面で世界的に評価されている企業も多い）

	1.0%	（製造業）
事業所数（2018年）	中小企業 99.0%	
従業員数（2018年）	32.1%	67.9%
出荷額（2017年）	大企業 52.5%	47.5%
企業規模	300人以上	1〜299人

（2020・21年版「日本国勢図会」）
▲中小企業と大企業の比較

> どれだけ効率よく生産しているかを「生産性」という。労働者1人当たりの生産量などで表せる。

(4) 企業の社会的責任

◆現代の企業は，利潤を求めることと同じくらい，**企業の社会的責任（CSR）** を重視することが求められる。
（企業による地域社会や環境などに配慮した活動などのこと）

例 木材をあつかう企業による，植林事業。

---

1) 金融のしくみとはたらき

お金（資金）の余裕のあるところと，不足しているところの間で行われるお金の貸し借りを **金融** という。
- → その仲立ちをするのが金融機関である。
  （代表は銀行）

◆銀行のおもな仕事
- ◆預金…企業や家計からお金を預かり，利子を払う。
- ◆貸し出し（融資）…預かったお金を企業や家計に貸し出して，利子を受け取る。
- ◆為替…離れた人どうしの資金のやり取りを仲立ちして，手数料をとる。
  （クレジットカードの口座振替など）

直接金融	企業などが株式や債券を発行し，企業や家計から直接お金を調達すること。
間接金融	銀行などの金融機関を通して，借り手と貸し手が間接的にお金をやり取りすること。

> 銀行は，預金者に支払う利子より，貸し出すときの利子を高くして，その差額を利潤としている。

2) 日本銀行の役割

日本銀行 は，日本の中央銀行。
…政府（国）や銀行とだけ取り引きする。

> 個人や一般企業とは取り引きしない。

日本銀行の役割 下の［　］の中に言葉を入れましょう。

〔 発券 〕銀行　　〔 政府 〕銀行　　〔 銀行 〕銀行

紙幣（日本銀行券）を発行している。／税金など政府のお金の出し入れの管理をする。／一般の銀行への貸し出しや預金の受け入れを行う。

◆ **金融政策** とは，日本銀行が物価や景気を安定させるために，世の中に出回るお金の量を調整する政策。
（通貨量という）

> **ポイント**
> 日本銀行の役割は〔 政府 〕〔 金庫 〕〔 発見 〕

（オペレーションともいう）
◆ **公開市場操作** …金融政策の中心。
- → 日本銀行が一般の銀行との間で，国債や手形を売買することで通貨量を調整し，景気の安定をはかる。

公開市場操作のしくみ 下の［　］の中に言葉を入れましょう。

不景気（不況）→景気を回復させたいとき
- 日本銀行 → 国債を買う → 一般の銀行の資金量が増える → 一般の銀行からお金を借りやすくなる → 通貨量が〔 増える 〕 ＝景気がよくなる！

好景気（好況）→景気の行き過ぎを落ち着かせたいとき
- 日本銀行 → 国債を売る → 一般の銀行の資金量が減る → 一般の銀行からお金を借りにくくなる → 通貨量が〔 減る 〕 ＝景気が落ち着く

(3) 為替相場と円高・円安

> 円とドル，円とユーロなど。

通貨が異なる外国と，通貨を交換するときの交換比率を **為替相場（為替レート）** という。

↓

毎日変動している。

◆ **円高** …外国の通貨に対して円の価値が上がること。
- 例 1ドル＝100円が，1ドル＝80円になる。

◆ **円安** …外国の通貨に対して円の価値が下がること。
- 例 1ドル＝100円が，1ドル＝120円になる。

円高と円安 下の［　］の中に言葉を入れましょう。

円高の例
1ドルのものを買うのに100円かかっていたところ，80円で買える！
100円 ⇨ 80円
円の価値が〔 上がる（高くなる） 〕
→ 輸入が〔 有利 〕・輸出が不利

円安の例
1ドルのものを買うのに100円だったが，120円がかかるようになった…
100円 ⇨ 120円
円の価値が〔 下がる（低くなる） 〕
→ 輸入が〔 不利 〕・輸出が有利

(1) 働くことの意味, 権利と義務

◎働くことの意味とは… 労働, または, 勤労
◆ **収入(所得)** を得る…生活するため。 生計の維持
◆生きがいや充実感を得る…個性や能力を発揮する。 自己実現の手段
◆社会に貢献する…社会に必要な仕事を受けもつ。

◎労働者の権利
労働者は経営者に対して弱い立場にある。
→ 労働者の権利を保障するために、3つの法律を制定。

◆ **労働基準法** …労働条件(賃金や労働時間など)の最低基準を規定。
◆ **労働組合法** …労働組合を結成する権利を保障。
◆ **労働関係調整法** …労働者と経営者の対立を予防・調整。

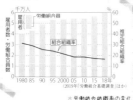

※ 労働組合組織率の変化

労働基準法のおもな内容

労働条件	労働者と使用者は対等な立場で労働条件を決める。
賃金	男女の賃金は同一。
労働時間	週40時間以内、1日8時間以内。
休日	少なくとも1週間に1日。
最低年齢	15歳未満の児童を雇ってはならない。
出産・育児	産前は6週間、産後は8週間の休業を保障。

日本国憲法 第27条
①すべて国民は、勤労の権利を有し、義務を負ふ(う)。

(2) 雇用と労働条件の変化

◎これまでの働く環境は…
◆ 終身雇用
…就職したら、同じ企業で定年退職まで働く。
◆ 年功序列賃金
…年齢や勤続年数に応じて、賃金が上がる。

崩壊

能力主義や成果主義を導入する企業が増加。

人材派遣会社の企業と雇用関係を結び、ほかの企業に派遣されて働く人のこと。

◎現在の雇用状況
正規雇用の労働者
◆正社員(正規労働者)が減り、アルバイトやパート、派遣労働者、契約労働者など **非正規** 労働者が増えた。
→ 同じ仕事をしても正社員にくらべ賃金は低く、解雇されやすい。

◆外国人労働者が増えた。

※ 雇用形態の内訳の変化

(3) 労働問題と対策

◎長時間労働による過労死や過労による自殺などの増加
→ 仕事と生活を両立する **ワーク・ライフ・バランス** の実現に取り組む。

◎正社員と非正規労働者に対する、待遇格差がある。
→ 同一労働・同一賃金の実現をめざす法律を整備。

◎子育てや介護のために離職する人が多い。
→ 男女性別を問わず、育児休暇や介護休暇をとれるように **育児・介護休業法** を制定。24ページ

日本の女性は、出産や子育てをする30代で、働く割合が減少している。

※ 年代別就業者割合の比較

---

(1)財政の役割

国や地方公共団体の経済活動を **財政** という。
◎家計や企業から集めた税金(租税)などをもとに、社会に必要な支出にあてている。

◎収入を **歳入** 、支出を **歳出** という。

道路や空港、橋、公園などの整備、警察や消防、教育などの公共サービスの提供、社会保障の費用など。

なぜ？
規模が大きすぎたり、利潤を求められないので、民間の企業には提供しにくいものだから。

(2)歳出と歳入

◎国のおもな歳出
◆ **社会保障** 関係費…国民の生活を保障するための生活保護や社会福祉、社会保険にかかる費用など。
◆ **国債** 費…国債の元金・利子を支払うための費用。
…歳入の不足を補うために民間からした借金である国債の返済のための費用。
国の借金は国債、地方公共団体の借金は地方債
◆ **地方交付税** 交付金…地方公共団体に交付される費用。
地方公共団体間の財政格差を調整するため

◎歳出の特徴
もっとも多くの割合を占めているのは **社会保障関係費** 。
→ 近年、その割合は増えている。78ページ

なぜ？
高齢社会になってとくにお年寄りの生活を守るための費用が増えているから。

◎国のおもな歳入
◆ **所得** 税…個人の所得(収入)にかかる税。
◆ **消費** 税…財やサービスを購入したときにかかる税。
◆ **公債** 金…国債の発行による借入金。

◎歳入の特徴
租税(税金)が多くを占め、近年、公債金の割合が増加。
…公債金は国債を発行して民間から借りた資金。
→ 公債金の増加が財政を圧迫している。

※ 歳出の内訳
※ 歳入の内訳

(3)租税(税金)の種類

◎納め方(納税方法)の違い
◆ **直接税** …税金を納める人と負担する人が同じ。
→ 所得税など。
〈納税〉
税を負担する人 → 国

◆ **間接税** …税金を納める人と負担する人が異なる。
→ 消費税など。
税を負担する人 〈代金〉→ お店の人 〈納税〉→ 国

◎納める先の違い
◆ 国税 …国に納める。 → 所得税・法人税・相続税など。
◆ 地方税 …都道府県や市(区)町村に納める。
→ 住民税など。

◎ **累進課税** …所得が高い人ほど所得に占める税金の割合が高くなるしくみ。→ 所得税・相続税など。

		直接税	間接税
国税		所得税 法人税 相続税 など	消費税 関税 揮発油税 酒税 たばこ税 など
地方税	道府県税 (都民税)	道府県民税 自動車税 など	地方消費税 ゴルフ場利用税 道府県たばこ税 など
	市町村税	市(区)町村民税 固定資産税 など	市(区)町村たばこ税 入湯税 など

※ 租税の種類

なぜ？
収入が多い人の税負担を重くすることで、所得の格差を調整している。
税率が一律の消費税は、所得が低い人ほど負担が重くなる(逆進性)の問題がある。

(4)景気変動と財政政策

◎資本主義経済の下では、 **景気変動** (景気の循環)が起こる。

好景気にはインフレーション(インフレ)が、不景気にはデフレーション(デフレ)が起こりやすい。69ページ

景気変動の波 □の中に言葉を入れましょう。

好景気と不景気が繰り返す
景気上昇 **好景気**(好況) 景気後退 賃金減少
生産が拡大(賃金が上昇) 生産が縮小(失業者が増加)
景気回復 **不景気**(不況)
雇用拡大

◎国(政府)は景気の安定化のために財政政策を行う。
好景気のとき → **公共事業** を減らす、増税をする。
不景気のとき → 公共事業を増やす、 **減税** をする。

好景気のときは経済活動を抑え、不景気のときは経済活動を活発にしようとする。

1)社会保障の役割と種類

社会保障制度とは？　　仕事を失うこと→収入がなくなる

　…高齢や病気・けが・失業などで、個人の努力だけでは生活が困難になったとき、国が国民の生活を保障するしくみ。

◉日本国憲法第25条の　生存権　の規定に基づいて整備された。

　→　生存権とは　「健康で　文化的　な
　憲法第25条　　　最低限度　の生活を営む権利」

日本国憲法　第25条
(生存権)
①すべて国民は、健康で文化的な最低限度の生活を営む権利を有する。

日本の社会保障制度は、4つの柱で構成されている。

① 社会保険　② 公的扶助　③ 社会福祉　④ 公衆衛生

その他 9.4
介護 11.7
2020年度
予算案
35.9兆円
年金 34.9%
医療 33.6
生活扶助等
社会福祉費

→ 社会保障関係費の配分割合

① 社会保険　…加入者がふだんから掛け金を積み立てておき、高齢・傷病(病気やけが)・失業などの場合に一定の　保険金(お金)　の給付を受け取る。

社会保険の種類　下の〔　〕に言葉を入れましょう。

社会保険の種類	保険金の給付やサービスを受けられる場合
医療保険(健康保険)	病気やけがのとき
〔 年金 〕保険	おもに老後の生活を保障
雇用保険	失業したとき
〔 介護 〕保険	介護が必要になったとき
労災保険 (労働者災害補償保険)	仕事が原因で けが・病気・死亡したとき

介護保険は40歳以上の人が加入して保険料を払うの。
介護が必要になったんが、一定の介護サービスを受けられるわね。

② 公的扶助

　…収入が少なく、生活の苦しい人に生活費などを援助する。
　→　生活保護　法に基づく。

生活・医療・住宅・教育などの面で援助する。

③ 社会福祉

　…高齢者、障がいのある人、児童など、働くことが困難な人々を保護・援助する。
　→ 児童福祉、障がい者福祉、母子・父子福祉など。

④ 公衆衛生

　…病気の予防、環境の整備など、国民全体の健康を増進するための対策。
　→ 感染症対策、廃棄物処理、公害対策など。　〜予防接種〜

(2)日本の社会保障制度の課題

医療の発達などにより、平均寿命が急速にのびて、高齢　化が進んでいる。人口に占める高齢者の割合が高くなること
　→ 年金と医療の給付が増えている。

一方、生まれてくる子どもの数が減る　少子　化も進んでいる。

働く世代の負担する　社会保障　の費用が増加していることが問題になっている。24ページ

日本の平均寿命の推移

2020年代の間には、総人口の約30%が、65歳以上になるといわれている。

(3)諸外国のようす

◉高福祉高負担の国→ スウェーデン　など
　…社会保障の給付の多い国では国民の負担も多い。
◉低福祉低負担の国→ アメリカ　など

日本は国民所得にくらべて、社会保障の給付が、諸外国より少なくなっている。

---

1)公害問題

公害　…企業の生産活動や人々の日常生活が行われる過程で、人々の健康や自然環境におよぼされる害のこと。

19世紀末に問題化した足尾銅山鉱毒事件が日本最初の公害問題といわれている。

◉　大気汚染　…工場の排煙や自動車の排気ガスなどによる汚染。

◉騒音…飛行機や自動車、工場などによる騒音。

◉水質汚濁…川や湖の水が汚れること。

1950年代はじめから1970年代前半、日本が急速に経済発展をとげた
高度経済成長　の時期に日本各地で公害が発生。

→ 企業が利益を優先して、公害防止のための投資を行わなかった。
→ 国が産業の発展を優先して、公害防止対策を行わなかった。

その他 19.0
騒音 23.4%
全国計
6万6803件
2018年度
水質汚濁 8.7
大気汚染 21.7
廃棄物投棄 12.9
悪臭 14.3

→ 公害の苦情件数の割合

〔 四大公害病の発生 〕

1960年代に裁判が起こされ、すべて患者側が勝訴。

これは、産業によって引き起こされた公害病。現在は、都市生活にともなって引き起こされる公害が多くなっている。

四大公害病

公害病名	地域	原因
水俣病	熊本県・鹿児島県 八代海沿岸	水銀などによる 〔 水質汚濁 〕
〔 イタイイタイ病 〕	富山県 神通川流域	カドミウムによる 水質汚濁
四日市ぜんそく	三重県 四日市市	亜硫酸ガスによる 〔 大気汚染 〕
新潟水俣病	新潟県 阿賀野川流域	水銀などによる 水質汚濁

重化学工業の工場や鉱山から、有害物質がそのまま、川や海や大気中に排出された。

(2)公害防止対策と環境保全

1967年制定
◉公害対策基本法…公害について企業の責任などを定める。
　→ 1971年に　環境庁　を設置。
　　現在の環境省

公害対策を求める住民運動が各地で起こっていた。

◉汚染者負担の原則(PPP)の確立
　→ 公害による被害者救済の費用や公害防止のための費用は、公害を発生させた企業が負担する。

公害対策基本法を発展させた
◉1993年、　環境基本法　の制定
　→ 公害のほか、国際的な環境問題にも取り組むために制定。

環境影響評価
◉　環境アセスメント　法の制定 40ページ
　→ 開発を始める前に、地域の環境への影響を調査する。

なぜ？
環境への被害を未然に防ぐため。

(3)循環型社会をめざして

循環型社会…大量生産・大量消費・大量廃棄を見直し、ごみを資源として再利用する、できるだけ環境に負担のかからない社会。

取り組み
◉循環型社会形成推進基本法の制定(2000年)。
◉　リサイクル　の推進。…ものを再生利用する
◉　3R　を行う…リデュース、リユース、リサイクル。
　ごみを減らす　ものを再使用する

容器や缶リサイクル法、家電リサイクル法、食品リサイクル法など、リサイクルのための法律がつくられた！

3R (3つのR) 　下の〔　〕の中に言葉を入れましょう。

〔 リデュース 〕　　〔 リユース 〕　　〔 リサイクル 〕
(Reduce)　　　　　(Reuse)　　　　　(Recycle)　→3R
　　　　　　　　　〈フリーマーケット〉

レジ袋はいりません

(1)国際社会と国家

国際社会は，<u>主権国家</u>を中心に構成されている。
<u>主権をもつ独立した国家のこと</u>

→ 世界には190以上の主権国家がある。
<u>日本も主権国家の1つ</u>

主権国家の原則とは…
- ◎内政不干渉の原則…国内の問題について，
他国の干渉を受けない。

- ◎主権平等の原則…他の国々と対等である権利。

〈主権国家〉

国家 ─ 国民
　　　 領域
　　　 主権

(2)主権のおよぶ範囲

国家の主権のおよぶ範囲を領域という。
→ <u>領土</u>・領海・領空からなる。

- ◎領土…<u>主権</u>がおよぶ陸地。

- ◎ 領海…沿岸から一定範囲(12海里以内)の海。
<u>1海里は1852m</u>

- ◎ 領空…領土と領海の上空。

- ◎排他的経済水域…領海の外側で沿岸から
<u>200</u>海里までの水域。
→ 水域が重なる国と国との間で，権利をめぐって争いが起こることがある。

△ 領域と排他的経済水域

領域に関する原則は…
- ◎領土不可侵の原則…相手の領域に無断で立ち入らない。

- ◎ <u>公海自由</u>の原則
…排他的経済水域の外側を公海といい，どこの国の船や漁船も自由に航行・操業できる。

（排他的経済水域では，漁業資源や鉱産資源などの権利は沿岸国にある。）

日本の領土をめぐる問題とは…
- ◎ <u>北方領土</u>…ロシア連邦が不法に占拠。
<u>北海道の択捉島，国後島，色丹島，歯舞群島</u>

- ◎ <u>竹島</u>…韓国が不法に占拠。
<u>島根県</u>

- ◎尖閣諸島…日本固有の領土だが，中国などが領有を主張。
<u>沖縄県</u> 領有権をめぐる問題は存在しない。

△ 日本の領域と排他的経済水域

(3)国旗と国歌

国旗・国歌…国家を示すシンボル。国家どうしは，おたがいにこれらを，尊重し合うことが国際的な儀礼。

{ 日本の国旗…日章旗(日の丸)。

{ 日本の国歌…「君が代」

△ 北方領土

(4)国際社会のルール

- ◎ <u>国際法</u>…国際社会での平和と秩序を保つために守るべききまり(ルール)。

国際法の種類は…
- ◆ 国際慣習法…国家間の長年のならわしで成立したきまり。
→ 領土不可侵や，外交使節の特権(治外法権)など。

- ◆ <u>条約</u>…国家間で文書によって結ばれる。
→ 広い意味では，協定や憲章なども含まれる。
↓
国際法には，原則として強制力がない。

（条約には，2国間で結ばれるものだけでなく，多国間で結ばれるものもある。）

- ◎ <u>国際司法裁判所</u>…国家間の争いを法的に解決する機関。
<u>国際連合の機関の1つ</u> 裁判には当事国の同意が必要。

---

(1)国際連合の目的と特色

<u>国際連合</u>…世界の<u>平和</u>と安全を維持するため，経済，社会，文化などさまざまな分野で国際協力を進める機関。

（二度の世界大戦への反省からつくられた。）

- ◎1945年10月，国際連合憲章に基づいて成立。
- ◎本部はアメリカ合衆国の<u>ニューヨーク</u>。
- ◎原加盟国は51か国→現在は190を超える国が加盟。
<u>発足時の加盟国</u>

国際連合の特色
- ◎多数決制
…総会は1国1票で，加盟国は平等の投票権をもつ。

みんな平等！

（第一次世界大戦後につくられた国際連盟は，総会の議決が全会一致だったので，なかなか決議ができなかった。また，経済制裁しかできなかった。このため，第二次世界大戦を防げなかった。）

- ◎軍事的な制裁ができる <u>強制措置</u>
…他国への侵略などを行った国には，国連軍などによる制裁が可能。

（常任理事国は第二次世界大戦の戦勝国。ドイツや日本ははいっていない。）

- ◎五大国一致の原則 <u>大国中心主義</u>
…アメリカ合衆国，ロシア連邦，イギリス，フランス，中国の五大国(常任理事国)は<u>拒否権</u>をもつ。
<u>1か国でも反対すると決定できないという権利</u>

(2)国際連合のしくみとはたらき

国際連合のおもな機関
- ◎ <u>総会</u>…全加盟国の代表で構成。
国連の仕事全般について討議。

（核開発を行っている国に対して，関係企業への送金禁止などの経済制裁などを決定したりしている。）

- ◎ <u>安全保障理事会</u>…常任理事国5か国と，非常任理事国10か国で構成。世界の平和と安全の維持に責任をもつ。
<u>任期は2年</u>
→ 制裁措置の決定など。

- ◎経済社会理事会…社会，文化，教育，経済などの国際協力を進めるため，専門機関と協力して活動。

おもな専門機関とその他の機関
- ◆ UNESCO（国連教育科学文化機関）
…文化・教育の振興に取り組む。世界遺産の保護など。
- ◆ WHO（世界保健機関）
…感染症などへの保健政策を行う。
- ◆ UNICEF（国連児童基金）
…子どもたちの権利を守る。
- ◆ WTO（世界貿易機関）…自由貿易を進める。

（UNは国連(United Nations)の略称。WHOはHealthのH，WTOはTradeのT。）

平和を守るための国際連合の活動
<u>PKO</u>…平和維持活動の略称。
紛争地域で停戦の監視や選挙の監視などを行う。

（日本の自衛隊もPKOに参加している。）

△ 国際連合のおもなしくみ

1)地域主義の動き

情報技術の発達などによってグローバル化が急速に進む。**23ページ**

同時に、一国では解決できない経済、安全保障、環境などの問題が増加。

なぜ？
市場の統合をはかって、アメリカ合衆国などの経済大国に対抗するため。

地域主義（リージョナリズム）が強まる。

　特定の地域でまとまって協力する動き

【おもな地域機構】
- **EU** …1993年、ECから発展して発足。

ヨーロッパ連合
欧州連合ともいう
　ヨーロッパの政治的・経済的統合をめざす。

EUの課題は…
①加盟国間の経済格差が大きい。
②EUの権限が拡大し、各国の意見がうまく反映されない。

- ◆共通通貨　**ユーロ**　を導入。
- ◆人やもの、お金の域内での移動が自由。
- ◆外交、安全保障などで共通の政策をとる。

ドイツOK！
両替なしで便利！
フランスから来た人

OK！
顔パス！
ドイツ　フランス

- **ASEAN**

東南アジア諸国連合
…東南アジア地域の経済や安全保障での協力を進める。

- **APEC**

アジア太平洋経済協力会議
…環太平洋地域の経済協力を進める。
日本も参加。

- **TPP**

環太平洋経済連携協定
…環太平洋地域の貿易の自由化などを進める。
日本も参加。

(2)地域紛争

地域紛争　とは…1つの国や地域の中で、民族や宗教の違いなどが原因で起こる争い。

なぜ？
アメリカ合衆国とソビエト連邦の2つのかたむバランスによる秩序の安定が崩れたからなど。

→　**冷戦(冷たい戦争)**　終結後、地域紛争や内戦が世界各地で発生。
　アメリカを中心とする資本主義諸国と、ソ連を中心とする社会主義諸国の直接戦火を交えない争い

★ 第二次世界大戦後のおもな地域紛争

- カシミール紛争（1947～）
- アフガニスタン紛争・内戦（1979～2001）
- チェチェン紛争（1994～96、99～）
- 北アイルランド紛争（1969～98）
- ユーゴスラビア内戦（1991～99）
- キプロス紛争（1974～）
- パレスチナ問題（1948～）
- 西サハラ紛争（1973～）
- リベリア内戦（1989～2003）
- アンゴラ内戦（1975～91、98～2002）
- ナミビア独立運動（1975～90）
- スーダン・ダルフール紛争（2003～）
- カンボジア紛争（1979～91）
- ビアフラ内戦（1967～70）
- ソマリア内戦（1988～）
- モザンビーク内戦（1975～91）
- ルワンダ内戦（1990～94）
- 東ティモール独立運動（1975～99）

【地域紛争の影響】
多くの　**難民**　が発生している。
→ 国連難民高等弁務官事務所（UNHCR）や非政府組織（NGO）が難民の保護や救援活動を行っている。

暴力によって政治的目的を実現しようとするテロリズム（テロ）も、冷戦終結後に多発。2001年にはアメリカで同時多発テロが起こった。

戦争や、宗教・民族・政治上の理由による迫害などのため、国外に逃れた人々。

(3)軍縮の動き

冷戦中、核抑止の考えに基づき、アメリカとソ連を中心に核兵器の開発が進む。

↓

1960年代から核軍縮や核実験禁止の動きが進む。
- ◆ **核拡散防止条約（NPT）**　…非核保有国への兵器の譲渡や製造援助などを禁止。
- ◆包括的核実験禁止条約（CTBT）…すべての核実験を禁止。
- ◆核兵器禁止条約…核兵器の開発や保有、使用などを全面的に禁止。核保有国を中心に、多くの国が参加していない。

地雷を廃止する動き…対人地雷全面禁止条約が採択される。

---

1)環境問題

環境問題とは…人間の活動が原因で、自然などが破壊されることで生じた地球規模のさまざまな問題。

おもな環境問題	原因	影響	影響の大きい地域
【 地球温暖化 】	石炭や石油など化石燃料の大量消費による、二酸化炭素（CO_2）などの〔 温室効果 〕ガスが増加。	地球の平均気温が上昇。→ 海水面の上昇、生物や農作物に悪影響、異常気象が起こるなど	・北極圏や南極大陸（氷がとける）・海抜の低い島国（水没のおそれ）
【 酸性雨 】	工場や自動車の排出ガスに含まれる窒素酸化物や硫黄酸化物の増加。	酸性度の強い雨が降る。→ 森林を枯らす、湖沼の生物が死滅、建造物がとけるなど	・ヨーロッパ・北アメリカ・中国沿海部
【 オゾン層 】の破壊	スプレーや電化製品に使用されていたフロンガスなど。	有害な紫外線がオゾンホールから地表に届く。→ 皮膚がんの発症など	・南極上空
【 砂漠化 】	森林の伐採、焼畑、過放牧など。	不毛の土地が増加。→ 食料不足など	・アフリカのサヘルサハラ砂漠の南・西アジア・中国内陸部
【 熱帯(雨)林 】の減少	森林の伐採、道路や鉱山などの開発。	野生動物の絶滅。→ 生態系の破壊など	・アマゾン川流域・東南アジア

(2)環境問題への国際的な取り組み

- ◎国連環境開発会議（地球サミット）…気候変動枠組条約や生物多様性条約を採択。

- ◎地球温暖化防止京都会議… **京都議定書** で二酸化炭素などの温室効果ガスの削減を先進工業国に義務づける。
　→ アメリカの離脱や、発展途上国に削減義務がないなどの問題点があった。
　　　最大のCO_2排出国である中国など

- ◎ **パリ協定** …京都議定書にかわる温室効果ガス削減のための国際的な枠組み。

太陽
温室効果ガス（二酸化炭素など）
熱の一部は宇宙へ放出される
太陽からの熱
温室効果ガスが熱をためこむなどの影響で地表の気温が上がる
地球
★ 地球温暖化のメカニズム

すべての国が参加。世界の平均気温の上昇を産業革命前と比べて、2℃未満に抑えることが目標。

(3)資源エネルギー問題

石油、石炭、天然ガスなど
世界では、 **化石燃料** が発電や動力のエネルギー源として欠かせない。
　→ 近年、新興国などで需要が増加。

【化石燃料の問題点】
- ・分布に偏りがある。採掘年数に限りがある。
- ・地球温暖化の原因となる二酸化炭素を大量に排出する。

	水力8.7%	原子力6.2%
日本（2018年）		
アメリカ（2017年）	7.0　地熱・風力ほか2.9%	64.0　19.5　6.2
ドイツ（2017年）	4.0	61.8　11.7　22.5
フランス（2017年）	6.8 13.0	70.9　6.3
ブラジル（2017年）	62.9	2.7 27.9

（2020/21年版「日本国勢図会」）
★ 日本とおもな国の発電量の割合

(4)日本の発電エネルギー

日本は化石燃料のほとんどを輸入に頼っている。
　→ 安定的な確保が課題。

石炭、石油、天然ガスが燃料
日本で一番多い電力の発電源は、 **火力** 発電。
その他、水力や原子力など。
　　　↑ウラン

最近は、地球環境問題や安全性の観点から、
再生可能エネルギー の普及がはかられている。

太陽光、風力、地力、地熱、バイオマス（生物資源）などを利用した、枯渇の心配がなく、二酸化炭素の排出量が少ないエネルギー。

(1)南北問題

南北問題 とは…発展途上国と先進工業国（先進国）の間の
経済格差と，それにともなうさまざまな問題。

> 発展途上国は南半球に
> 多く，先進工業国は北
> 半球に多いことから，南
> 北問題とよばれる。

● 発展途上国が抱える問題

◆ かつて 植民地 だった国が多く，独立後も工業化が
うまく進んでいない。

◆ 特定の資源や農産物の輸出に頼る，
モノカルチャー経済 の国が多い。
→ 国際価格の変動や不作などに左右され，経済的に
不安定。

> 先進国が多い
> 北半球
> 南半球
> 発展途上国が多い

> ガーナはカカオ豆，ナイ
> ジェリアは石油の輸出
> に依存しているなど。

● 南南問題の発生

発展途上国の中でも，貧しいままの国と，
豊かになった国との経済格差が広がっている（ 南南問題 ）。

◆ 貧しいままの国…
サハラ砂漠以南のアフリカの国々など。

◆ 豊かになった国…
・工業化に成功した中国，インド，ブラジルなどの新興国。

・資源の豊かな国→ サウジアラビアなど。
└中東の産油国など

> 新興国
> アジアNIEs…韓国，台湾，シ
> ンガポール，ホンコン。
> BRICS …ブラジル（Brasil），
> ロシア（Russia），インド
> （India），中国（China），南アフ
> リカ（South Africa）。それぞ
> れの頭文字をとったよび名。

(2)人口の増加

2020年現在，世界の人口は約78億人。

発展途上国の人口増加率が高い。
↓
発展途上国では，人口急増に経済成長が追いつかず，
食料不足や貧困が深刻に。

> 食料が不足する国がある一方
> で，まだ食べられるのに食料
> が廃棄される「食品ロス」が
> 問題になっている。

(3)貧困問題

貧困とは…
1日に使えるお金が1.9ドル未満の状態。

> 世界では，約8億人が貧困の状態

↓

貧困によって…
食料や水が得られない，医療や教育を受けられないなどの問題
が発生。

(4)国際社会の動き

● SDGs（持続可能な開発目標）
…2015年に国連で採択された，2030
年までの達成を置った17の目標。
貧困や飢餓の撲滅，教育の普及など
の目標が定められている。

★ SDGsの17の

● フェアトレード（公正貿易）
…発展途上国の人々が生産した農作物や製品を適正な価格で
購入する。

● マイクロクレジット
…貧しい人々が事業を始める際に，無担保で少額を融資する。

● 人間の安全保障
…すべての人々が安心して，人間らしく生きることができる社
会をめざす考え。

> 紛争や貧困，人権侵
> 害，地球環境問題か
> ら人々を守るために生
> まれた考え。

● 日本の動き
… 政府開発援助（ODA） による技術援助や人材育成，非
政府組織（NGO）による医療，貧困対策，農業支援など。

確認テスト①

26～27 ページ

1 (1) 高度経済成長　(2) イ

2 (1) 少子
　(2) 核家族　(3) ア

3 (1) 分業
　(2) (例) 国内よりも従業員の賃金が安いか
　　ら。　(3) ア，イ　(順不同)

4 (1) ICT
　(2) (例) 情報の価値を判断し，必要なもの
　　を選択すること。

5 (1) ① イ　② ウ　③ ア
　(2) 年中行事

　(3) A オ B ウ C エ D ア
　　E イ

解説 **1**(2)　工業 (第2次産業) が発達する一方で，第1次産業に従事する人が減りました。

2(3)　アが現在の日本の人口ピラミッド。イは1935年で富士山型，ウは1960年でつりがね型です。

3(2)　近年日本では，工場を海外に移す企業が多く，産業の空洞化が進行しています。

(3)エ　外国産の安い農産物が輸入され，先進国の中でも日本の食料自給率はとくに低くなっています。

4(2)　大量の情報の中から自分に必要な情報を選び，活用する力のことを「情報リテラシー」といいます。

確認テスト②

42～43 ページ

1 (1) ウ　(2) アメリカ
　(3) (フランス) 人権宣言

2 (1) A 天皇　B 象徴
　(2) 明治時代
　(3) ① 1946年11月3日　② イ
　(4) ① 国民投票
　　② 第9条　A 戦争　B 国際紛争

3 (1) A オ B イ C エ
　　D ウ E ア F オ
　(2) 勤労の義務

4 (1) ① 知る権利　② プライバシーの権利
　(2) ウ

解説 **1**(1)　リンカンは南北戦争 (1861～1865年) のときのアメリカの大統領です。

2(2)　大日本帝国憲法は，明治時代に君主権の強いドイツ (プロイセン) の憲法を参考につくられました。

(3)①　施行は1947年5月3日です。
　②　エの衆議院の解散を決定するのは内閣の仕事ですが，衆議院の解散は天皇の仕事 (国事行為) の1つです。

3　(2)　国民の義務にはこのほか，納税の義務と子どもに普通教育を受けさせる義務があります。

4(2)　環境権は憲法第13条の「生命，自由及び幸福追求に対する国民の権利」をもとにしています。

確認テスト③

64〜65 ページ

1 (1) ① 秘密　② A 与党　B 野党
　　　③ 立法　④ 3分の2
　　　⑤ 弾劾裁判所
　(2) a ○　b 6年

2 (1) a 閣議　b 国会議員　c 行政
　　　d 政令　e 最高裁判所長官
　(2) ウ　(3) 議院内閣制

3 (1) A ① 良心　② 憲法　B 三審
　　　C ① 刑事　② 検察官（検事）
　(2) 違憲審査権（違憲立法審査権，法令審査権）
　(3) 黙秘権

4 (1) 条例

(2) ア ① ○　② ○
　イ ① 3分の1
　　　② 選挙管理委員会
(3) ① 地方税
　② 地方交付税交付金

解説 1(1)① 秘密選挙とは，無記名で投票することです。
(2) 参議院議員の任期は6年で，3年ごとに半数が改選されます。
2(2) ウは国会の権限です。
3(2) 三権分立のしくみの1つです。
(3) 基本的人権を守るために，憲法で定められています。
4(2)イ 人の職や地位を奪う請求は，それ以外のものよりも条件が厳しくなっています。

確認テスト④

82〜83 ページ

1 (1) A 家計　B 金融
　(2) ① 労働基準法　② ア
　(3) ① 株式会社
　　　② 製造物責任法（PL法）
　(4) ① あ エ　い ア
　　　② 均衡価格
　(5) ① 銀行の銀行，政府の銀行（順不同）
　　　② イ
　(6) 円安

2 (1) ウ　(2) 間接税
　(3) ① ウ　②（例）高齢化によって費用が増大し，若い世代の負担が大きくなっている。
　(4)（例）所得が高いほど，税率が高くなる課税方法。

解説 1(2) ①労働三法は労働基準法，労働組合法，労働関係調整法。　②非正規労働者は正規労働者にくらべて賃金が安く，必要なときだけ雇うことができるため企業にとって都合がよく，雇用者に占める割合が増加しています。
(4) ①Xの場合，需要量よりも供給量が多く，Yの場合，供給量よりも需要量が多くなっています。
(5) ①日本銀行は個人や一般企業とは取り引きせず，政府や銀行とのみ取り引きします。
2(1) 税金だけでは歳入不足になるため，約3割が公債金（借金）で補われています。
(2) 消費税は商品を買う人が代金と一緒に支払い，受け取った小売店などが納税します。
(4) 消費税は一律に課税されるため，所得の少ない人ほど負担が大きくなります。

確認テスト⑤

94〜95ページ

1 (1) イ　　(2) 内政不干渉　　(3) 条約

2 (1) ウ　　(2) ①　安全保障理事会
　　　②　拒否権　　③　ウ　　(3) イ

3 (1) グローバル　　(2) リージョナリズム
　　(3) ア　　(4) (例) 民族の違い
　　(5) 難民

4 (1) ODA　　(2) 温室効果ガス(二酸化炭素)
　　(3) (例) 海面が上昇し，海抜の低い島国が水
　　　没する。

解説 **1** (1) ア日本は領海を12海里，排他的経済
　　水域を200海里と定めています。ウ領空は，
　　領土と領海の上空です。

2 (1) アはニューヨーク，イは多数決，エは
PKOが正しい。NGOは非政府組織。
(2)③　ドイツは第二次世界大戦の敗戦国。
(3)　UNESCOは国連教育科学文化機関。ア
はWHO(世界保健機関)，ウはUNICEF(国
連児童基金)。

3 (3)　イは東南アジア諸国連合，ウはヨー
ロッパ連合，エはNAFTA(北米自由貿易
協定)にかわる新協定です。
(4)「宗教の違い」，「政治的な対立」，「資源
をめぐる争い」などでも正解。

4 (1)　日本語では政府開発援助といいます。
(3)「豪雨や干ばつなどの異常気象が増え
る」，「干ばつによる不作が増える」，「生態系
に悪影響をあたえる」などでも正解。